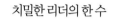

치밀한 리더의 한수

위기를 돌파하는 조조의 경영 전략

치밀한 리더의 한 수

© 조형권 2024

인쇄일 2024년 5월 27일
발행일 2024년 6월 3일

지은이 조형권
펴낸이 유경민 노종한
책임편집 정현석
기획편집 유노북스 이현정 조혜진 권혜지 정현석 **유노라이프** 권순범 구혜진 **유노책주** 김세민 이지윤
기획마케팅 1팀 우현권 이상운 **2팀** 이선영 김승혜
디자인 남다희 홍진기 허정수
기획관리 차은영
펴낸곳 유노콘텐츠그룹 주식회사
법인등록번호 110111-8138128
주소 서울시 마포구 월드컵로20길 5, 4층
전화 02-323-7763 **팩스** 02-323-7764 **이메일** info@uknowbooks.com

ISBN 979-11-7183-029-9 (03320)

조 형 권 지음

치밀한 리더의 한 수

· 위기를 돌파하는 조조의 경영 전략 ·

유노
북스

이 순간 조조라면
어떤 수를 두었을까?

우리는 지금 난세에 있는가? 아니면 치세에 있는가? 아마 열에 아홉은 난세라고 말할 것이다. 세상은 여전히 무질서하고, 힘의 균형추는 오르락내리락하며 많은 분란을 일으키고 있다. 미국과 중국의 지정학적 갈등, 우러 전쟁, 중동 지역의 전쟁뿐만 아니라 세계 경제, 정치 불안으로 인한 난민 증가, 특정 사상을 신봉하는 테러로 인한 사건과 사고까지.

우리나라가 압도적인 경쟁력을 자랑하고 있는 반도체 업계도 마찬가지다. 미중 무역 갈등과 반도체 패권주의가 그 어느 때보다 심화된 상황이다. 총성 없는 전쟁터다. 더군다나 AI 시대를 맞이해 뛰어난 기술과 투자의 타이밍이 중요해졌다.

리더의 판단에 따라 지속 가능한 기업이 될지, 아니면 짧은 수명으로 끝날지 결정된다. 필자는 반도체 업계에 수십 년간 있으며 수많은 IT 업체의 생사존망을 지켜보았다. 대표적으로는 휴대폰의 절대적 강자였던 노키아와 모토로라, 선두 기업들을 제치고 1위 업체가 되고자 했던 반도체 기업인 엘피다 등이 있다. 이들 회사는 시장 변화에 발 빠르게 대처하지 못했고, 자신의 성공 방정식을 맹신하다 시장에서 도태되었다.

미래에 대한 통찰력을 갖고 과감한 결단을 내릴 수 있는 치밀한 리더가 필요한 이유다. 리더의 한 수는 사람들을 최적의 방향으로 인도한다. 리더의 결정 하나로 조직의 성패가 좌우된다고 해도 과언이 아니다.

이 책은 최상위에 있는 리더뿐만 아니라 일반 관리자, 그리고 어느 모임에서든 리더의 자리에 있거나 앞으로 리더가 되고 싶은 사람들을 위해 쓴 책이다. 필자도 리더의 자리에 이미 10여 년 가까이 있으면서 어떻게 하면 좋은 리더가 될지 늘 고민하고 있다. 스스로 질문하고, 코칭을 받거나, 책과 강연 등 교육을 통해 나아지려고 노력하고 있다.

고전은 변하지 않는 지혜를 가르쳐 준다. 리더십에 대한 좋은 책이 많이 있지만, 필자는 '조조(曹操)'에게서 리더십을 찾았다. 그런데 왜 하필 조조일까?

삼국지를 잘 모르는 사람이라도 조조라는 인물에 대해 들어본 적 있을 것이다. 사람들은 그를 야망이 넘치고 간교한 인물로 여긴다.

후한 왕조를 무너뜨린 대역적으로 말이다. 이는 유비가 세운 촉한을 후한의 정통으로 여기기 때문이다. 바로 소설 《삼국지연의》의 영향 때문이다. 하지만 조조의 아들 조비(曹조)가 후한을 접수하고 위 왕조를 세웠기 때문에 위나라를 한나라의 후계로 보는 것이 더 적절하다. 물론 조조는 살아생전에 황제가 될 수 있었음에도 거절했지만 말이다.

조조가 시대를 뛰어넘은 거성이 될 수 있었던 이유

조조에 대한 재평가가 꾸준히 이루어지고 있다. 적어도 그는 야심을 갖기 전까지 충신이었다. 그는 젊은 시절 순수한 마음으로 후한 왕조를 재건하기 위해 목숨 걸고 노력했다. 이 점에 대해서는 많은 역사학자도 동의할 것이다.

조조는 본래 자신이 황제가 되기보다는 주공 같은 성인이 되고 싶었다. 주공 단이라고도 불리는 주공은 형 무왕을 보좌하며 강태공과 함께 폭정을 일삼는 상나라를 멸망시켰다. 형이 죽은 후 나이 어린 조카인 성왕의 섭정을 맡았지만 왕위를 찬탈하지는 않았다. 오히려 나라의 힘을 키운 후 자신의 자리를 물려주고 조용히 떠났다.

서까래까지 썩은 후한 왕조는 회복 불능이었다. 설령 회복한다 해도 기존의 기득권 세력이 조조의 신흥 세력을 가만 놔둘 리 없었다. 그가 주공 같은 성인이 되고 싶어도 나중에 후폭풍이 있을 것이 뻔했다.

조조는 천자를 옆에 끼고 무서운 기세로 맞수를 제압했다. 도겸, 여포, 원술, 원소, 유표 등 그의 앞을 막아서는 자는 가차 없이 처단하고 삼국을 통일하기 위한 가장 유리한 위치에 섰다. 이제는 시간문제였다. 208년, 50대 중반의 나이에 벌인 최대의 승부처 적벽 대전에서 패배하기 전까지 말이다. 조조, 유비, 손권, 세 명의 영웅이 모여서 벌인 최초이자 최후의 대전에서 그는 패배했다. 압도적인 병력과 기세로 그들을 압도했지만, 때와 장소가 불리했다.

비록 적벽 대전의 전투에서 패배했지만 보다 큰 의미인 전쟁에서 패배한 것은 아니었다. 형주를 지배한 유표가 세상을 떠나면서 남긴 자산을 셋이서 나누어 가졌기 때문이다.

조조는 65세에 세상을 떠날 때까지 전쟁터에서 파란만장한 삶을 살았다. 그만큼 실패를 많이 경험한 사람도, 눈물을 많이 흘린 사람도 없다. 감정적이면서 정도 많았던 그가 가장 강력한 위나라를 세울 수 있었던 것은 수많은 시행착오를 통해서였다. 그는 어떻게 자신보다 강한 군벌들을 넘어 거대한 기반을 닦을 수 있었을까? 이 책은 이러한 질문에서 시작했다.

어떻게 하면 좋은 리더, 역경에 강한 지도자가 될 수 있을까?

조조의 삶은 이 질문에 대한 답을 제시했다. 바로 그것은 그의 명석한 두뇌뿐만 아니라 치밀하고 냉철한 판단력 때문이었다. 그는 시대의 흐름을 정확하게 파악했다. 혼란의 시대에서 택할 수 있었던 것은 바로 정당성이었다. 그는 원소처럼 주저하지 않았고, 한나라의 마지막 황제 헌제를 모셔 왔다. 이후 수많은 능력 있는 신하가 그의 세력에 합류했다. 그에게는 대의명분이 있었기 때문이다.

조조는 이러한 명확한 목표 아래, 사람을 중요시했다. 그는 인재를 구하기 위해 언제든 버선발로 뛰쳐나갈 준비가 되어 있었고, 자신이 믿는 장수가 싸움에서 패하더라도 너그럽게 용서한 적이 많았다. 그에게는 인재를 아끼는 마음이 있었기 때문이다. 물론 그렇지 않은 부하들은 가차 없이 엄하게 벌하기도 했다. 그가 가장 혐오한 사람은 자신의 신분을 믿고 남을 업신여기고, 잘난 척하는 사람이었다. 그는 그런 리더가 되지 않기 위해 부단히 노력했다.

많은 사람이 여전히 스티브 잡스 같은 리더를 그리워하는 이유가 그러하다. 잡스는 '인문과 기술을 결합한 최고의 제품을 만들자'는 비전과 미션을 제시했다. 인재를 중요시했고, 인간적인 매력이 있었다. 아무리 힘들더라도 그와 함께 일하려는 사람들이 회사에 남아 있었던 이유다.

난국을 뚫고 나가야 할 때
조조가 되어야 한다

정리해 보면 조조의 리더십은 이렇게 형성되었다.

첫째, 명확한 비전과 미션이 있었고, 이를 실행하기 위한 치밀한 계획이 있었다.

둘째, 불가능을 가능하게 만드는 불굴의 의지를 지녔다.

셋째, 기본적으로 법치주의를 따랐지만, 사람을 아끼고 정에 약했다.

마지막으로, 《손자병법》에 주석을 달고, 훌륭한 시를 지을 정도로 평소 공부를 게을리하지 않았다.

이를 거꾸로 바꾸면 단점이 되기도 한다. 명확한 비전과 미션은 결국 한나라를 무너뜨리고 새로운 왕조를 세우게 했다. 치밀한 계획과 불굴의 의지는 주변 사람들을 고되게 만들 수 있다. 법치주의는 부하들을 두렵게 만들고, 감정적인 성격은 자칫 일을 그르칠 수 있다. 개인의 자질이 뛰어나면 자아도취에 빠지기 쉽다.

하지만 조조는 자신의 기질을 장점으로 승화했다. 그것은 그가 이룬 업적을 통해 드러난다. 그는 중요한 순간에 최적의 결정을 내리고 이를 실행했다. 대표적으로 원소와 벌인 최고의 명승부인 관도 대전이 그러했다. 비전과 미션, 계획, 실행을 위한 불굴의 의지, 부대를 이끄는 강한 규율, 뛰어난 병법이 없었다면 불가능한 승리였다.

이제 이 책을 보고 진정한 리더십이 무엇인지, 그리고 이러한 리더십이 어떻게 생겨났는지 되새겨 보고, 우리에게 필요한 실제 적용할 수 있는 리더십에 대해서 생각해 보자. 참고로 책에 나오는 조조의 일화나 이야기는 기본적으로 정사에 바탕을 두었지만, 일부는 야사나 소설의 상상력도 더했음을 미리 밝힌다.

항상 가족에게 감사와 사랑의 마음을 전달하고 싶다. 나에게 있어서 최고의 후원자고 힘들 때마다 의지한 최후의 보루이다.

· 차례

제1편

유능한 리더는
위기에 빛난다

: 난세에 등장한 승부사 조조의 탄생

제2편

치밀함의 진가는
감출수록 드러난다

: 차가운 머리, 따뜻한 가슴을 지닌 조조의 내면

제3편

귀중한 것일수록
내 것으로 만든다

: 사람을 얻고 쓰고 남기는 조조의 용인술

제4편

결정적인 순간에
승부수를 둔다

: 열세를 승세로 만드는 조조의 전략

제5편

몇 수를 내다보아야 결정적인 한 수를 둔다

: 항상 미래를 대비한 조조의 청사진

짧고 굵게 알아 보는
조조의 일생

나는 천하를 가지기 위해
태어났다

조조는 155년 패국 초현에서 조숭(曹嵩)의 아들로 태어났다. 그의 아버지 조숭은 무너져가는 가문을 살리기 위해 환관 조등(曹騰)의 양자가 됐고, 이러한 이유로 그는 평생 환관의 후손이라 업신여김을 당했다. 하지만 그는 엄연히 개국 군주 신하의 후손이었다.

조조는 어렸을 때 문제아였다. 오죽하면 정사 《삼국지》에서도 그가 어렸을 적 공부를 게을리하고, 놀기를 좋아한다 묘사했을까? 하지만 그는 동네에서 골목대장으로서 친척 간인 조 씨와 하후 씨의 아이들을 이끌며 리더의 자질을 보였다.

마침내 조조는 당대의 명사 교현과 하옹의 인정을 받았다. 심지어 이들은 "어지러운 세상을 구하는 것은 자네에게 달렸네"라고 말할 정도였다.

조조는 《손자병법》에 자신만의 주석을 달 정도로 학문과 병법에 매진했다. 어려운 병법서에 해석과 의견을 달 수 있다는 것은 그만큼 식견이 뛰어나다는 것을 보여 준다.

조조는 20세에 효렴으로 천거된 후 낙양북부위가 되었다. 이때 자신만의 소신과 원칙으로 환관 건석의 숙부를 벌하는 등 명성을 높였다. 이어서 돈구현의 현령이 되어 지방에서 실무를 익혔고, 몇 년의 세월을 보낸 후 다시 조정의 부름을 받아 의랑이 되었다.

의랑은 황제의 자문관으로 조정의 정사에 관여할 권리가 있었다. 조조는 황제에게 조정의 비리를 폭로하며 환관들을 척결하는 대폭적인 개혁을 제안했으나, 이미 후한의 영제는 조언을 들을 의지가 없을 만큼 심하게 타락해 있었다. 황제가 나서서 매관매직을 장려할 정도로 한나라는 소생할 수 없는 지경에 이르렀다.

마침내 맺혔던 고름이 터지듯 각 지방에서 황건적의 난이 발발했다. 조정의 각종 비리, 재해와 질병으로 백성들은 유민으로 떠돌아다니다 자연스레 황건적에 합류했다.

여덟 개 주에서 난이 발생했고, 그 수는 수십만 명을 헤아렸다. 반면 조조에게는 입신양명할 기회였다. 그는 황제를 호위하는 기병인 기도위에 임명되었고 황건적 난의 토벌을 명 받았다. 29세, 그의 첫 전투경험이었다.

조조는 황건적과의 전투에서 뛰어난 공적을 세우고 제남국의 상으로 진급해, 이제 10여 개 현을 관리하는 높은 지위에 이르렀다. 그는 부패한 현령들을 파직하고 불온한 제사 모임을 척결했다. 시간이 흐른 후 동군 태수로 진급했지만 결국 조정의 부정부패에 환멸을 느껴 낙향했다.

이후 다시 조정의 부름을 받아 평생의 경쟁자인 원소와 함께 도성을 지키고 치안을 유지하는 교위에 임명되었다. 조조는 자신의 실력으로 이름값을 했다. 더는 아버지 조숭의 아들이 아닌 조조라는 이름으로 명성을 떨쳤다.

마침내 혼돈의 군주였던 영제가 사망하고 하태후의 아들인 유변이 즉위했다. 황후의 오빠인 하진은 대장군이 되어 조정의 실권을 장악했다. 하지만 하진은 우둔했다. 그는 환관들과 그들을 몰아내려는 기존 문인 세력 사이에서 우유부단한 모습을 보이다 결국 환관들에 의해 암살되었다. 하진의 복수를 위해 원소는 황궁에 쳐들어가 환관들을 모조리 죽였다. 그런데 환관을 견제하기 위해 지방의 군웅들을 궁으로 불러들인 것이 큰 실수였다.

동탁은 중국 서쪽의 양주 지역 변방에서 떠도는 군벌이었다. 그는 이때 낙양의 황궁으로 입궐했다. 평생 전장에서 온갖 거친 경험을 했던 그의 세력을 당해 낼 사람은 없었다. 무주공산 낙양성에서 그는 세력을 공고히 했다. 경쟁자였던 병주 자사 정원을 살해하고 그의 심복이었던 여포를 양아들로 맞이했다. 그 누구도 동탁을 함부로 대하지 못했다. 원소와 원술도 그를 피해 달아날 정도였다. 이윽고 그는 본인의 입맛에 맞는 새로운 황제를 옹립했으니 그가 한나라의 마지막 황제인 헌제 유협이다. 이때 동탁은 조조를 자기 편으로 끌어들이기 위해 도성을 지키는 막중한 자리인 효기교위로 임명했다. 조조를 신뢰하지 않으면 할 수 없는 선택이었다.

하지만 조조는 아무리 한나라가 썩고 문드러졌어도 잔인한 살인자를 주군으로 모시고 싶지 않았다. 그는 동탁을 살해하려다 실패하고, 고향으로 돌아가 다시 힘을 키웠다. 이때 그는 그 유명한 명언을 남긴다.

"내가 천하를 버릴지언정, 천하가 나를 버리게 하지는 않겠다."

189년, 마침내 조조는 서른다섯의 나이로 연주 진류에서 거병하고, 원술, 원소, 공손찬, 손견, 유대, 교모, 장막 등과 반동탁 연합군을 형성해 저항했다. 이때 유비, 관우, 장비도 연합군에 합류해 18로 제후가 모이게 되었다.

조조는 목숨을 걸고 동탁과 싸웠으나, 연합군은 각자의 이해타산에 맞춰 서로를 견제하다 와해되었다. 그는 동쪽의 낙양에서 서쪽의 장안으로 천도하려던 동탁군을 추격했으나 오히려 매복에 습격 당해 죽을 뻔했다. 이는 다른 연합군과 함께 공격하려 했으나 동조하는 이가 없자 단독으로 나선 결과였다. 사촌 조홍의 도움으로 겨우 목숨을 부지한 그는 연합군의 실태에 분노하며 고향으로 다시 돌아갔다.

192년, 동탁은 양자인 여포에 의해 살해되었다. 왕윤은 중국의 4대 미인이라 불리는 초선을 이용해 이간계로 동탁과 여포 사이를 갈라서게 했고, 결국 동탁을 죽음에 이르게 했다. 하지만 부하 이각과 곽사가 왕윤을 살해하며 정국은 다시금 혼란의 도가니로 빠져들었다.

조조는 원소 밑에 몸을 의탁하다 청주 지역에서 황건적을 사로잡아 30만 명의 청주병을 얻었고, 이들은 그의 든든한 초기 자본이 되었다. 그는 마침내 독립해 연주에 자리를 잡아 자신만의 세력을 확장했다.

원술은 원소와 사이가 멀어져 공손찬, 유비와 손을 잡고 원소를 견제했다. 이에 조조가 원소와 함께 이들을 쳐부수고, 원술은 조조에게 연전연패를 당한 후 남쪽으로 달아났다.

승승장구하던 조조는 인접한 동쪽의 서주를 노렸다. 서주를 지나 아들이 있는 연주로 오려던 조숭과 동생, 식솔들이 도겸의 호위군에 의해 살해당했는데, 사연은 이랬다.

서주 자사 도겸은 조조의 아버지 조숭이 서주를 지나가는 것을 파악하고, 호위를 붙여 이들을 안전하게 연주로 안내하려 했다. 하지만 황건적 출신인 호위군이 조숭이 가진 막대한 재산을 탐내 이들을 모두 살해하고 달아난 것이다. 도겸의 직접적인 책임은 없었지만, 이를 계기로 조조는 서주를 공략했다. 유비는 도겸을 돕기 위해 조조와 맞붙었지만 싱겁게 끝났다.

조조군은 파죽지세로 서주를 점령했다. 그런데 그의 거침없는 행보에 제동이 걸렸다. 하나밖에 없는 터전인 연주에서 반란이 일어난 것이다. 책사 진궁과 절친한 친구였던 장막이 모의해 여포를 불러들였다. 이들은 연주의 성들을 차례차례 점령해 나갔다. 남은 고을은 모사 순욱과 정욱이 힘겹게 지키고 있었다. 조조는 그동안 쌓아 온 자산을 모두 잃을 판이었다. 그는 서주보다 우선 연주를 재탈환하기 위해서 군사를 돌렸고, 여포와 전쟁을 벌였다.

조조와 여포의 싸움은 용호상박이었다. 그는 여포가 있는 복양성을 몰래 공격하다가 진궁의 계교에 속아 함정에 빠져 죽을 위기에 처했다. 그가 불타는 성 안에서 길을 잃어 헤매고 있을 때, 여포가 불에 그을린 그를 알아보지 못하고 그의 행방을 물었다.

일촉즉발의 순간, 조조는 타고난 재치로 "그는 황색 말을 타고 달아났습니다"라고 말하며 다른 방향을 가리켜 살아남았다. 여포는 이전에 동탁의 수하였을 때 그를 여러 차례 봤지만, 칠흑 같은 어둠 속 초라한 몰골의 사내가 자신이 알던 조조였다고는 생각하지 못한 것이다. 간신히 살아남은 그는 여포에게 여러 차례 반격을 가해 결국 그를 연주에서 쫓아냈고, 천자는 그를 연주목에 임명했다.

연주의 반란과 서주 백성들의 강한 저항은 조조에게 씻을 수 없는 상처로 남았다. 그는 계속된 성공에 자만했고, 복수심에 눈이 멀어 큰 실수를 저질렀다. 물론 이러한 실수는 전화위복이 되었다. 훨씬 더 유연한 자세를 갖게 된 것이다.

나이 마흔, 조조는 인생의 큰 전환점에 들어섰다. 그는 황건적 잔당을 토벌한 공로로 진동장군과 비정후에 봉해졌다. 이후 헌제를 받들어 허현에 도읍을 정했고, 대장군에 임명되었다. 하지만 이때 하북에서 그보다 더 큰 세력을 키우고 있던 원소에게 대장군 타이틀을 양보하는 도량을 보였다. 둘은 언젠가는 갈라서야 할 친구였지만 당장 원소의 세력을 감당할 수 없었던 것이다. 원소는 광활한 하북 지역을 바탕으로 혼란스러운 정국에서 가장 강력한 우승 후보로 자리매김했다. 장차 원 씨의 세상이 될 가능성이 컸다.

조조는 마흔 중반에 인생에서 가장 큰 결단을 내렸다. 바로 원소와 대결을 벌인 것이다. 그것이 그 유명한 관도 대전이다. 관도 대전을 포함한 하북 평정은 206년까지 무려 7년간 지속됐다. 원소와의 일전에서 극적으로 승리한 후 그의 잔당까지 모두 제거하는 데 걸린 시간이었다. 이후 벌어진 유비, 손권과의 적벽 대전은 208년의 일이고, 단기전이었다. 관도 대전은 그가 천하의 대세가 되도록 만든 중요한 전쟁이었다.

이 전쟁은 조조에게 절대적으로 불리했다. 원소의 병력은 10만 명 정도로 그의 최소 두 배 이상이었고, 장수와 책사의 라인업도 열세였다. 하지만 막상 전투를 해 보니 용맹한 조조군은 원소군에 결코 밀리지 않았다. 다만 전쟁이 길어질수록 식량이 바닥을 보였고, 그는 퇴각을 고민했다. 그는 자신의 모사 순욱에게 편지를 보냈고, 순욱은 어떻게든 버티고 기회를 틈타야 한다 조언했다.

리더십의 정점이 드러나는 순간이었다. 조조는 더 이상 고민하지 않고 기회를 찾기로 했다. 이때 원소 진영에 있던 옛 친구 허유가 조조군에 투항했고, 원소군의 약점을 알려 주었다. 그는 직접 군대를 이끌고 오소에 위치한 원소군의 식량 창고를 공격해 모두 불태워 버렸다. 이후 조조군의 사기는 하늘을 찔렀고, 원소군은 반대로 패배의 두려움에 빠졌다. 한창 전면전이 벌어졌을 때 원소는 전쟁터에서 달아났고, 그의 군대는 순식간에 와해되었다. 마침내 조조군이 승리한 것이다. 나중에 원소군의 진영에서 원소와 내통한 부하들의 서신이 발견된 것도 그리 놀라운 일이 아니었다. 그만큼 조조의 승리는 불가능해 보였기 때문이다. 그는 이때 또 한 번 큰 결단을 내린다. 그는 서신을 모두 불태우고 배신한 죄를 묻지 않았다.

세상의 혼란과 분열을 끝내며
한평생을 보내다

조조가 하북을 평정하고 승상이 된 것은 나이 53세 때였다. '일인지하 만인지상(一人之下 萬人之上)' 즉 단 한 사람 황제의 아래에 있지만, 수많은 백성 위에 군림하는 자리에 앉게 된 것이다.

56세에는 관중에 큰 세력을 형성하고 있던 마초와 한수를 정복했다. 58세에는 천하 열네 개 주를 아홉 개 주로 병합하고, 위공으로 봉해졌고, 황제가 공이 큰 신하에게 주는 아홉 가지 특전인 '구석(九錫)'을 받았다. 60세에는 한중의 장로를 토벌하러 갔고, 이들은 조조에게 투항했다. 비슷한 시기 유비는 유장을 습격해 마침내 익주에 자리를 잡았다.

다음 해 5월에는 위왕이 되었다. 다시 손권을 공격하고, 조조의 아들 조비는 태자가 되었다. 64세에는 양평관으로 쳐들어가 촉한을 세운 유비와 최후의 한중 대전을 벌였다. 이때 유비는 험준한 지형을 이용해 호각지세를 이루었다. 조조는 그 유명한 '계륵'이라는 말을 남기고 장안으로 후퇴했다. 유비는 최고의 전성기를 이루면서 서쪽과 남쪽에서 조조의 세력을 공략했다. 관우는 형주에서 허도를 위협할 정도로 빠르게 북상해 완성에 있는 조인을 포위했다. 조조는 급하게 우금을 파견했지만 한수가 범람해 병사들이 수몰되었고, 우금은 관우에게 항복했다. 이때 무려 3만 병사가 관우의 포로가 되었다. 어쩌면 조조의 세력이 정점에 이른 후 가장 큰 위기라고 할 수 있었다.

조조는 후방에 있던 손권을 이용해 관우를 공격했다. 관우는 형주를 지킬 때 손권의 세력과 그다지 우호적인 관계를 유지하지 못했다. 손권도 유비의 세력이 너무 커지는 것을 우려하고 있었기 때문에 유비와의 동맹을 끊고 배신하기로 결심했다. 이 전쟁으로 관우가 죽었고, 얼마 후 조조도 220년, 65세의 나이로 낙양에서 생을 마감했다.

소설에는 관우의 혼령이 조조를 괴롭혔다고 하나, 사실 그는 오랜 전쟁으로 체력이 많이 상했고, 늘 정적에 의해 괴롭힘과 배신을 당하며 심한 신경쇠약에 시달리고 있었다. 약해진 체력과 스트레스로 그는 60대 중반에 세상을 떠났다. 그렇다고 하더라도 그가 평생 전장에서 죽을 고비를 넘긴 것을 감안하면 천수를 누리고 갔다고도 말할 수 있다. 그는 임종할 때도 장례를 간소화하라고 했고, 관리들도 평소대로 직무를 수행하라고 했다. 그렇게 한 시대를 풍미한 영웅은 낙양성에서 소박하게 자신의 끝을 맞이했다.

"나 또한 똑같은 사람이다.

눈이 넷 달리고 입이 둘 달린 게 아니라

지혜와 계책이 많을 따름이다."

- 조조

제1편

유능한 리더는
위기에 빛난다

: 난세에 등장한 승부사 조조의 탄생

피를 토하는
마음으로 하라

"나 조조는 대의를 위해 의로운 병사를 일으킨다. 역적의 무리를 없애고 도탄에 빠진 나라를 구하자."

– 189년(34세), 동탁을 공격하기 위해 진류에서 처음 거병했을 때

인간은 생존을 위해 공동체를 이루었고, 자연스럽게 리더가 생겼다. 누군가는 결정을 내려야 했기 때문이다. 더 나은 거주 환경을 위해 안전한 곳으로 이동하고 식량도 확보하기 위해서였다. 신의 명을 대변하는 종교의 지도자, 황제, 왕, 제후, 귀족에서 시민 사회의 다양한 정치가, 사상가까지 인류의 발전과 동시에 리더는 시대에 따라 다양한 양상을 보였다.

18세기 중반 산업 혁명 이후로 리더의 지위와 위치는 더욱 심화되고 세분화되었다. 작가 수전 케인은 《콰이어트》에서 농경 사회에서 도시 사회로 바뀌며 사람들이 자신을 알리기 위해 웅변술에 관심을 갖기 시작했다고 말했다. 도시에 사람들이 많이 모이기 시작하자 자연스레 리더가 필요했다.

이는 기존의 리더와는 달랐다. 예전에는 마을에서 오랫동안 존경받았던 사람이 리더가 되었지만, 도시에서는 서로가 서로를 몰랐기 때문이다. 그래서 사람들은 좋은 리더가 되기 위해서 고민했고, 학습을 통해 리더십을 배웠다. 지금도 마찬가지다. 우리는 강의를 듣고, 책을 읽고, 코칭을 받는다.

시대에 따라 요구되는 리더십이 다르다. 하지만 우리가 명심해야 할 것은 기본적인 가정이 크게 다르지 않다는 것이다. 리더는 이끄는 사람이다. 그런데 이끄는 것의 방법론이 중요하다. 리더십에는 크게 강한 리더십과 부드러운 리더십이 있다. 강한 리더십은 우리가 영화나 드라마에서 종종 봤던 강인한 리더의 이미지를 상상하면 된다. 한국 사회도 고도의 성장기를 거치며 이런 리더십이 각광받았다. 부드러운 리더십은 구성원들을 지지하고 응원하며 좋은 기량을 발휘할 수 있도록 도와주는 것이다.

조조는 강함과 부드러움을 모두 갖춘 리더였다. 당시 혼란스러운 세상은 그와 같은 리더를 필요로 했다.

조조는 연주 진류에서 반동탁 연합군에 합류했다. 그의 나이 34세였다. 그는 아버지의 재산 일부를 처분하고 지방의 거부 위홍을 재정적 파트너로 삼았다. 이때 그는 충의의 기치를 앞세운 격문에서 이렇게 말했다.

"동탁은 백성을 함부로 해치고 궁궐을 어지럽히면서 심지어 황제를 죽이는 불충을 범했다. 그 죄와 악이 천지에 가득하기 때문에 나 조조는 의로운 병사를 일으켜 역적의 무리를 없애고자 한다. 이 격문을 보는 자들은 모두 궐기하라."

조조는 반역죄인 동탁을 멸하고 한나라를 구하기 위한 목표를 확실히 했다. 비전은 한나라를 바로 잡아 평화로운 세상을 만드는 것이었고, 미션은 역적 동탁을 처단하는 것이었다. 적절한 타이밍과 결단은 그를 리더로 만들었다. 목표가 확실하니 자연스럽게 사람들이 모여들었다.

어중간한 리더는
없느니만 못하다

리더는 조직의 뜻을 관철하기 위해 필수적이다. 리더가 없으면 조직은 모래성처럼 금방 무너지기 마련이다. 고대 그리스 아테네에서는 시민들이 직접 정치에 참여해 의사 결정을 내렸다. 하지만 민주적인 방식은 대중이 그릇된 판단을 내릴 수 있기 때문에 장점만 있는 것도 아니었다. 결국 잘못된 판단으로 무고한 철학자 소크라테스에게 사형을 선고했으니 말이다.

그래서 능력 있는 리더가 필요하다. 조직에 팀장, 그룹장, 부문장 등 많은 리더가 있는 까닭은 구성원들의 의견을 모으고 한 방향으로 나아가기 위함이다. 리더의 역할은 중요하다. 리더가 비전과 미션 같은 큰 방향을 정하고 하부 조직의 리더들은 목표를 실행하기 위한 세부적인 실행안을 만든다. 리더가 있더라도 제대로 역할을 하지 못한다면 없는 것과 다름없다. 보통 리더십이 없다는 것은 그런 역할을 잘 못한다는 의미다.

회사는 미래에 대한 전망과 더불어 목표를 정하고 이를 실현하기 위한 전략이 필요하다. 비전은 새로운 기술로 세상을 더 안전하고 살기 편한 곳으로 만들고, 미션은 기술에 투자하고 시장과 고객의 요구 사항에 적기에 대응하는 것이다. 이는 굉장히 복잡다단한 단계를 거치기 때문에 의사 결정권자들의 역할이 중요하다. 수많은 회의와 자료를 넘어 궁극적으로 리더의 고심과 결단이 필요하다.

반도체 기업인 TSMC의 창업주 모리스 창은 리더의 가장 중요한 역할로 '방향성 제시'를 꼽았다. 리더는 부하를 무조건 격려할 것이 아니라 어떤 일을 어떻게 해야 할지 방향을 제시해야 한다는 것이다. 단순히 격려자로 머문다면 부하 직원은 아무리 열심히 해도 제자리에 있을 뿐이다. 그는 '방향을 알고 포인트를 찾아 큰 문제의 해결 방법을 생각해 내는 것'을 훌륭한 리더의 조건이라 강조했다.

회사 생활 20년 동안 수많은 리더를 겪었다. 배우고 싶은 리더는 부하 직원들에게 확실한 목표 의식을 심어 주는 사람이었다. 내가 맡은 업무에 충실하면 회사에도 반드시 좋은 결과를 주리라는 믿음이 있기 때문에, 늦게까지 일하고 고단하더라도 보람을 느꼈다. 새벽별을 보고 저녁별을 보며 뿌듯함을 느꼈다면 과장일까?

이제 나를 한번 돌아보자. 나는 어떤 리더인가? 아무리 작은 소모임이라고 해도 구성원들이 원하는 바가 있을 것이다. 동네에서 요가를 함께 배우는 모임이라면 리더가 자신들을 건강하게 해 줄 것이라는 기대가 있고, 자원봉사 단체라면 봉사를 통해 삶의 의미와 목표를 찾고자 하는 기대가 있을 것이다.

리더가 없거나 없다시피 하면 목적성을 잃고 무너지지만, 리더가 제대로 된 방향으로 인도한다면 각자 목표를 달성할 수 있다. 그것이 바로 리더가 필요한 이유다.

나에게 쏘는 화살을
기꺼이 맞아라

"원소를 위해 글을 썼던 것처럼 나를 위해서도 날카로운 화살이
되어 줄 수 있겠느냐?"
 – 200년(45세), 원소와의 관도 대전 승리 후 투항한 진림에게

리더로 타고나는 사람은 없다. 사회생활을 하다 보면 어느 순간 리
더가 될 수 있다. 성장하는 과정에서 주변 환경이 그렇게 만들 뿐이
다. 하지만 리더가 되겠다고 결심한 사람과 아닌 사람은 시작점도 마
음가짐도 다르다. 리더로서 나의 환경과 자질이 부족할 때는 결국 순
응하고 받아들이며 자신의 실력을 키워야 한다.

조조는 환관의 후손이라는 딱지가 항상 저주처럼 따라다녔다. 아

버지 조숭은 환관이 아니었지만, 환관 조등의 양자였기 때문에 이러한 운명을 부인할 수는 없었다. 경쟁자들은 그를 환관의 후손이라고 업신여겼다. 심지어 부하들 사이에서도 그를 무시하는 경향이 있었다. 그의 신분에 대한 비난은 관도 대전에서 절정이었다.

조조와 원소는 서로 전쟁의 정당성과 대의명분을 확보하고 선동하기 위한 격문을 돌렸다. 이때 원소의 휘하에는 진림이라는 뛰어난 문장가가 있었다. 그는 예전에 대장군 하진의 휘하에 있으면서 조조와 안면이 있는 사람이기도 했다. 그럼에도 그는 그야말로 뼈를 때리는 글로 조조를 경악하게 만들었다.

"조조의 할애비인 중상시 조등은 좌관, 서황 같은 환관들과 어울려 온갖 악행을 저질렀다. 더럽게 재물을 모으고 날뛰어 세상의 풍속을 어지럽히고 백성들을 못살게 굴었다. 조조의 아비 조숭은 본래 빈둥빈둥 노는 거렁뱅이 주제였다가 환관의 양자가 된 후 온갖 뇌물을 써서 관직을 얻은 자다."

일부는 사실이지만 그렇지 않은 부분도 있었다. 조등이 재물을 모은 면은 있지만, 그는 후한 말기 혼란기에서 상대적으로 중도를 지켜 사람들을 공평하게 대했다. 조조는 격문을 보고 너무 노해 쓰러질 지경이었다. 만약 이러한 모욕감에 그가 자신의 처지를 그저 비관하고 절망했다면 그는 그냥 환관의 자손으로 기억되었을 것이다.

하지만 그는 자신의 운명을 받아들이고 개척하기로 결심했다. 도겸, 여포, 원술, 원소, 유표 같은 경쟁자들을 하나둘씩 무찌르며 마침내 장강 이북의 중원 지역을 통일했다. 특히 원소와 원술은 명문세가의 자손들로, 사람들의 존경과 부러움을 한몸에 받고 있었다. 화려한 가문을 배경으로 한 이들과 비교했을 때 조조는 초라하기 그지없었다. 하지만 그는 좌절하지 않고, 이를 악물고 이들 위에 서고자 했다.

조조는 자신같이 평범하고, 심지어 비천한 가문의 사람들도 개의치 않고 열린 마음으로 대했다. 누구보다 인재를 아끼고, 더 좋은 인재를 찾기 위해 노력했다. 사람들의 마음을 얻은 그가 중원을 통일하는 것은 시간문제였다. 물론 그를 여전히 깔보고 인정하지 않는 사람도 많았고 수없이 배신도 당했지만 늘 오뚝이처럼 일어섰다.

만약 조조가 원소처럼 좋은 가문에서 태어났다면 어땠을까? 과연 평범한 신분 때문에 상처받은 사람들의 마음을 진정으로 이해할 수 있었을까? 그가 수많은 난관을 뚫고 자신만의 큰 세력을 형성한 데는 이러한 열등감이 큰 밑거름이 되었다. 그는 이를 바탕으로 나무를 키웠다. 그 나무는 아무리 시련을 당해도 굳건히 자신의 자리를 지키며 꽃을 피우고 열매를 맺었다. 냄새나는 거름 같은 존재였던 자신을 인정하고 받아들였기 때문이다.

명마는 마구간에 엎드려 있어도
천리를 꿈꾼다

많은 리더가 이러한 난관을 극복했다. 자칫하면 열등감이 들 일을 긍정적으로 수용한 것이다. 스타벅스 명예 회장 하워드 슐츠의 예를 살펴보자.

일곱 살 때 슐츠는 연방 정부에서 생활 보조금이 지급되는 브루클린의 공공 임대 주택에 살고 있었다. 어느 날 아버지가 다리를 다쳐 집안의 생계가 막막해졌다. 부모님은 매일 돈을 어디서 빌려야 할지 다투고, 세금 징수원이 오면 그는 부모님이 집에 안 계신다고 둘러대야 했다. 보통 사람 같으면 자신의 처지를 비관해 부모를 원망하며 더 삐뚤어질 수도 있었다.

하지만 슐츠는 열등감으로 점철된 과거를 부끄러워하지 않았다. 오히려 자신의 뿌리를 자랑스러워했고, 어린 시절 겪은 시련이 성공적인 비즈니스 신화를 쌓은 동기라고 믿었다. 하버드대학교 교수 빌 조지는《최고는 무엇이 다른가》에서 그의 결심을 이렇게 묘사한다.

"슐츠는 이때 결심한다. '아버지가 자랑스러워할 만한 회사를 만들겠어' 어린 슐츠의 머릿속엔 종업원들을 잘 대우하고 건강 보험 혜택까지 제공하겠다는 계획까지 있었다."

결국 그는 전 세계 80개국에 3만 5,000개의 스타벅스를 지을 수 있었다.

그는 자신의 뿌리를 잊지 않고, 브루클린에 저소득층을 위한 주택 단지를 만들었다. 또한 출신을 숨기지 않고 다양한 배경의 사람들과 스스럼없이 어울렸다. CEO 자리에서도 직접 현장을 둘러보고 근무자와 이야기를 나누었다. 그의 소탈한 리더십은 결국 열등감을 긍정적인 에너지로 바꾸었기 때문에 가능했다.

원하든 원하지 않든 리더가 되면 마음가짐이 달라질 수밖에 없다.

다만 가장 어려운 점은 내 자신에 대한 의문이다. 내가 과연 좋은 리더가 될 수 있을지에 대한 것이다. 처음 리더 자리를 맡았을 때는 잘할 수 있을 것이라는 자신감이 있지만, 막상 직원들의 마음을 모으지 못하고 원망을 들으면 흔들리기 마련이다. 더군다나 나의 능력과 배경에 대한 의구심이 생긴다면 더욱 그럴 것이다. 그럴 때는 자신을 믿는 수밖에 없다. 지금 내가 갖고 있는 한계를 인정하고, 이를 더 개선하기 위해 노력해야 한다. 그것은 나의 기본적인 자질의 개선뿐만 아니라 구성원들과의 소통이 될 수 있다. 또한 나보다 더 뛰어난 능력을 가진 구성원들을 인정하고 받아들이는 자세도 필요하다.

그렇다면 진림은 어떻게 되었을까? 부하 장수들은 당연히 진림을 처벌해야 된다고 이구동성으로 이야기했다. 그러나 놀랍게도 조조는 그의 재능을 아껴 휘하로 거두어들였다.

"원소를 위해 글을 썼던 것처럼 나를 위해서도 날카로운 화살이 되어 줄 수 있겠느냐?"

지금 내 능력이 리더로서 다소 모자라더라도 너무 실망하지는 말자. 열등감을 가질 필요도 없다. 그런 자신을 인정하고 나아가는 수밖에 없다. 그것이 바로 리더의 길이다.

소명 의식이 있는 사람과 없는 사람의 차이

"한 고조는 진나라의 가혹한 법률을 폐지했고, 승상 소하로 하여
금 법률을 제정하도록 했소. 고유는 식견이 뛰어나고 공평하니
힘껏 맡은 직무에 임하시오."
– 215년(60세), 조조가 고유를 승상이조연으로 임명할 때

마이크로소프트 창업자 빌 게이츠의 인생은 전반부와 후반부가 극
명하게 갈린다. 전반부에는 소프트웨어 개발에 모든 것을 걸고 부의
축적에 대해 골몰했다면, 후반부는 부의 분배에 대해 고민하며 자선
활동에 적극적으로 참여했다. 이는 단순히 이윤을 추구하는 기업인
이 아니라 보다 큰 목표, 즉 소명 의식이 있었기 때문이다.

소명 의식이라는 단어는 '하나님의 일을 하도록 부름을 받는다'는 종교적인 의미에서 시작됐지만, 이제는 일반적인 개념까지 확장되었다. 일을 하는 목적이 단순히 나의 물질이나 명예를 위한 것이 아니라, 세상을 이롭게 하고 자아를 충만하게 하기 위한다는 개념이다. 역사적으로 수많은 리더가 이러한 마음가짐을 가졌음은 두말할 나위도 없다. 단순히 직업이나 지위로서 리더를 생각한다면 영속성이 생길 수 없다. 그 위치에서 내려온다면 더 이상 리더로서의 삶을 살지 않기 때문이다.

하지만 리더로서 소명 의식을 갖고 있다면 비록 위치나 지위가 바뀌더라도 그러한 삶을 꾸준히 유지할 수 있을 것이다. 회사에서 은퇴한 후에도 다른 단체에서 리더로서 활약할 수 있다. 모두 각기 다른 소명의식을 갖고 있겠지만, 세상을 이롭게 하겠다는 의식은 삶을 바라보는 시각을 바꾼다.

살면서 품은 평생의 꿈이
무엇인가?

조조는 어릴 적부터 리더 역할을 했다. 타고난 기질도 있었지만, 무엇보다 세상을 바로잡고 훌륭한 신하가 되겠다는 뚜렷한 목표를 가지고 있었기 때문이다. 그가 헌제를 허현으로 모셔 온 후 대장군이 되었을 때, 40대 초반의 그는 모든 것을 다 이룬 듯했다. 하지만 이내 원소의 강한 질투를 받았다. 원소는 조정에서 하사한 태위 자리를 사양하며, 대신 황제에게 서신을 올렸다. 조조보다 자신이 대장군의 자리에 더 합당하다는 주장이었다.

조조는 원소의 서신을 읽은 후 화가 치밀었다. 다 된 밥에 재를 뿌리는 것 같았다. 어릴 적부터 원소는 그의 능력을 시기하고 질투했다. 평생의 라이벌 조조가 우위를 차지하자 그는 바로 본색을 드러냈다. 조조는 당초 대장군 자리를 내놓을 생각이 전혀 없었으나 참모인 순욱과 곽가가 그를 설득했다. 먼저 순욱이 포문을 열었다.

"대장군의 자리를 그자에게 양보하시죠."
"뭐라고? 나는 절대 그럴 수 없소."

그러자 눈치 빠른 곽가는 이런 질문을 던졌다.

"장군, 소인이 감히 여쭙겠습니다. 장군께서 품은 평생의 꿈은 무엇인지요?"

조조는 순간 말문이 막혔다.

"그건, 당연히 한나라 황실을 바로 세우고 도탄에 빠진 백성을 구하는 것이지."

곽가는 쐐기를 박았다.

"그 꿈을 이루기 위해서는 참고 기다려야 합니다. 지금 어찌 헛된 명성에 연연하십니까?"

조조는 문득 깨달음을 얻고 호쾌하게 답했다.

"좋네, 대장군 자리를 원소에게 양보하겠네. 그에게 내가 내릴 수 있는 직함은 모두 주겠네."

조조는 지극히 현실적으로 판단했다. 원소의 세력이 자신보다 적어도 두 배 이상은 되었기 때문에, 무리하게 그를 자극할 필요가 없었다. 여전히 그가 처리해야 할 일들이 산더미였고, 허도의 조정을 안정화할 필요도 있었다. 시간이 지날수록 허도에는 더 많은 신하와 병사, 장수가 모일 것이기 때문에 시간은 그의 편이었다.

반면 원소의 소명 의식은 뚜렷하지 않았다. 그는 유 씨 황실을 받들고 싶지 않았고, 차라리 자신이 황제가 되길 원했다. 하지만 사촌 동생 원술이 황제가 된다고 선언한 후 공공의 적이 되었기 때문에 조심스러울 수밖에 없었다. 결국 그는 어중간한 자세를 보이다 명분을 잃게 되었다.

그렇다면 빌 게이츠의 진정한 소명 의식은 언제, 어떻게 생겨난 것일까? 그는 좋은 집안에서 태어났고, 기술광인 괴짜였다. 아버지는 저명한 변호사고, 어머니는 교사였다. 외할아버지는 미국 국립은행의 부행장을 지냈다.

그는 열세 살 때 상류층 사립 학교인 레이크사이드 스쿨에 입학했다. 8학년이 되었을 때 학교 어머니회는 자선 바자회의 수익금으로 제너럴 일렉트릭 컴퓨터의 사용 시간을 구매했고, 그는 이 시스템에서 베이직으로 프로그램을 만드는 데 흥미를 가졌다. 이때의 연습은 나중에 세계적인 소프트웨어 회사를 세우는 데 큰 기반이 되었다.

그가 만약 부모의 후광만 믿고 안일하게 살았다면 어땠을까? 물론 워낙 머리가 좋아 아버지처럼 훌륭한 변호사가 되어 지금같이 부유한 삶을 살았을 것이다. 하지만 그랬다면 세상을 바꿀 위인이 될 수 있었을까?

그는 자신의 좋은 가정 환경을 최대한 활용해 실력을 키웠다. 그의 레이크사이드 스쿨 동창생 폴 앨런은 그와 함께 마이크로소프트 회사를 설립했다. "모든 가정에 컴퓨터가 한 대씩 설치되도록 하겠다"라는 비전과 미션을 갖고 사업에 열중했다.

하지만 그것으로 끝난 것이 아니었다. 1995년, 윈도우 95가 대박이 나며 마이크로소프트는 전성기를 구가했다. 그는 억만장자가 되었고, 점차 자선 활동에 관심이 생겼다. 그러한 생각을 갖게 된 데는 여러 가지 배경이 있었을 것이다. 그는 1994년에 결혼한 후 가정을 갖게 되었지만, 정신적인 지주 역할을 하던 어머니를 잃는 아픔도 겪었다. 이렇게 그는 정신적으로 성숙해지며 시선을 바깥으로 돌리게 된 것이다. 마침 아버지도 그의 자선 활동에 발 벗고 같이 나서주었다.

그는 2000년 CEO 자리에서 물러난 후 전 세계 빈곤과 환경 문제를 해결하기 위해 더 적극적으로 노력했다. 만약 그가 자신을 단지 성공한 IT 회사의 리더로 정의했다면 이런 일들은 이루어질 수 없었을 것이다. 그는 인류를 위해 노력했다.

공자는 나이 오십을 지천명이라고 했다. 하늘의 뜻을 안다는 것은 인생의 목적과 의미를 깨닫게 된다는 것이다. 조조는 지천명의 경지에 이르렀을 때 천하의 80%를 통일했지만, 안주하지 않고 평생을 전장에서 보냈다.

리더는 큰 꿈을 실행으로 옮기는 사람이다. 열심히 노력하면 좋은 리더가 될 수 있다. 정확히 말하면 될 확률이 높아진다. 하지만 훌륭한 리더는 노력으로만 되지 않는다. 살신성인의 자세도 필요하다. 수도승처럼 고도의 절제된 자세가 필요한 것이다. 엄청난 재산을 보유한 성공한 리더들이 여전히 노력하며 일하는 이유는 무엇일까? 더 많은 돈을 모으기 위해서일까? 그들은 노블레스 오블리주를 실천하고 있다. 물질적인 것뿐만 아니라 정신적인 유산을 사회에 남기려는 것이다.

결국 리더에게는 소명의식이 필요하다. 내가 이 일을 하는 목적은 무엇인가? 어떻게 하면 사회에 공헌하고, 구성원들의 행복에 이바지할 수 있을까? 이런 질문들은 어려운 난관을 헤쳐 갈 힘이 되어 준다.

인내할 때와
결단할 때를 알아야 한다

"지금은 여름이기 때문에 길이 통하지 않으므로 가을을 기다렸다가 진군할 것이다."

– 207년(52세), 조조가 원상과 원희를 잡기 위해서 오환족을 정복하고자 했을 때

아무리 노력해도 일이 잘 안 풀릴 때가 있다. 그럴 때는 잠시 휴식기를 갖거나 다른 일을 해 볼 필요가 있다. 너무 일에만 매달리다 보면 오히려 지쳐 쓰러질 수 있다. 따라서 인내심이 필요하다. 서두르다 자칫 잘못하면 더 큰 손해를 입을 수도 있다.

훌륭한 리더들은 때를 기다릴 줄 안다. 잠시 일을 손에서 내려놓는

것이다. 전설적인 투자자인 짐 로저스도 《스트리트 스마트》에서 "누구나 알듯 똑똑하다고 성공하는 것이 아니며, 재능이 있다고 성공하는 것도 아니다. 중요한 것은 인내력이다"라고 역설했다.

현명한 투자자들은 자주 투자하지 않는다. 시장을 파악하고 정보를 분석하고 심사숙고한 후 결정을 내린다. 사실 우리를 둘러싼 외부는 다양한 변화의 신호를 던진다. 리더는 신호가 유리한 것인지 불리한 것인지, 진짜인지 가짜인지를 파악해야 한다. 만약 이것이 투자할 만한 기회라고 생각된다면 결단을 내리고 행동으로 옮겨야 한다.

조조는 세상의 흐름을 기다렸다. 그는 자신의 모든 것을 쏟아 동탁에게 대항했다. 동탁을 쫓다 생애 처음 쓰디쓴 패배를 맛보기도 했다. 가벼운 패배가 아니라 거의 초토화된 상태였다. 그는 눈물을 머금고 원소의 휘하로 들어갈 수밖에 없었다. 원소는 그를 친구로 살갑게 대했지만 조조는 마음이 영 불편했다. 하늘로 날아가야 할 용이 날개가 부러진 꼴이었다.

이처럼 조조도 처음부터 성공가도만을 달린 것은 아니다. 패배를 겪고 다친 상처를 어루만지며 그 상처가 아물기를 기다렸다. 이는 마치 6년 후 여포에게 패해 그의 슬하로 피신해 온 유비의 마음과 같았을 것이다. 유비가 그랬듯 조조도 자신의 마음을 철저히 숨긴 채 때가 오기를 기다렸다.

조조는 원소 밑에서 군대를 훈련시키고 참모로서 조언하며 점차 신뢰를 얻었다. 그런데 원소는 본격적으로 야심을 보이기 시작했다. 조조가 이런 원소에게 점차 환멸을 느껴 떠날 시기를 고민하던 중 흑산적 10만 명이 동군을 공략했다. 당시 원소는 북쪽의 공손찬과 대적하고 있어 여유가 없었다. 한창 세력을 확장해야 할 시기에 흑산적이 걸림돌이 되었다. 마침내 조조는 원소의 의심을 사지 않기 위해 최대한 조심스럽게 그의 의중을 물었고, 의심 많던 원소도 조조의 출정을 허락했다.

조조는 실패의 상처를 딛고 주어진 기회를 놓치지 않았다. 그는 흑산적을 단숨에 무찌르고 동무양을 다스리게 되었다. 원소의 주청으로 그는 마침내 죄인의 신분에서 벗어나 동군 태수가 되었다. 동탁에게서 벗어난 지 2년 여 만에 얻은 결실이었다. 지난 2년 동안 그는 지옥과 천당을 오락가락했다. 그의 나이 36세가 된 해였다.

얼마 후 동탁은 사도 왕윤과 양아들 여포의 공모로 무참히 살해되며 그의 폭정도 종식됐다. 조조가 이제 조그마한 중소기업을 차리게 되었을 때, 이전 회사(후한 왕조)를 집어 삼켰던 동탁의 회사가 부도가 난 것이다. 조조의 운명은 여전히 불투명했지만, 원소 밑에서 인내하고 버티고 때를 잘 기다렸기 때문에 그도 처음으로 자신의 터전을 마련하고 하나의 군웅으로 자리 잡을 수 있었다.

때를 기다리고
성공한 인물들

중국 최고의 병법가이자 불패의 대장군인 한신은 젊은 시절 거지나 다름없었다. 굶고 있는 것을 보다 못해 동네의 한 아주머니가 밥을 줄 정도로 그는 비참했다. 한신은 "나중에 이 은덕을 꼭 갚겠습니다"라고 했지만, 아낙네는 "대장부가 스스로 살아가지 못해 불쌍해서 밥은 내준 것인데 무슨 보답을 바라겠나요?"라고 말했다. 그럼에도 그는 동네에서 보검을 차고 다니며 훌륭한 집안의 후손이라는 자긍심을 잃지 않았다.

어느 날 불량배들이 싸움을 걸었다. 한신은 그들을 단칼에 처리할 수 있었음에도 불량배의 다리 사이로 기어가는 굴욕을 택했다. 사람들은 모두 그를 겁쟁이라고 비웃었다. 하지만 누가 알았으랴? 그가 한 고조 유방을 도와 천하무적 항우를 처단한 대장군이 되었을지. 나중에 한신은 자신이 뱉은 말을 지키기 위해 그 아낙네를 찾아가 후하게 상을 내렸다. 또한 자신을 못살게 군 불량배에게는 복수를 하는 대신 자신의 수하로 받아들이는 넓은 도량을 보이기도 했다.

한나라를 건국한 태조 유방도 항우와의 전투에서 밀린 후 서쪽 관중의 오지에서 때를 기다려야 했다. 시간이 지나 그는 실력을 키운 후 관중의 관문을 지키고 있던 장수들을 무찌르고 단숨에 항우의 세력을 위협했다. 그가 만약 무리하게 항우와 대적했다면 진작 저세상 사람이 되었을 터였다.

반대로 항우는 나중에 사면초가에 빠져 유방과의 전쟁에서 대패했다. 그가 만약 강동으로 건너가 후일을 기약했다면 역사는 다르게 쓰였을 수도 있다. 하지만 그는 포기하고 스스로 생을 마감했다. 아마 무너진 자존심과 수많은 병사를 사지로 몰아넣은 자책감 때문이었을 것이다.

인내심의 대명사로 이 사람을 빼놓을 수 없다. 바로 세월을 낚은 강태공이다. 주나라의 주 문왕을 따라 세상에 나온 그의 나이는 70세였다. 한 사람의 인생이 끝날 무렵 그는 세상에 나와서 활약했고, 상나라를 무너뜨린 후 춘추 시대 제나라의 시조가 되었다. 제갈량이 세상에 27세 때 나온 것과 비교하면, 그의 인내심은 가히 타의 추종을 불허한다.

물론 무조건 기다리는 것이 능사는 아니다. 세상의 흐름을 지켜보며 적절한 때를 기다려야 한다. 제갈량은 형주의 시골 융중에서 지인들과 세상사를 논하면서도 꾸준히 학문을 갈고닦았으며, 향후 정세에 대해 머릿속으로 끊임없이 시뮬레이션했다. 미끼 없이 세월을 낚던 강태공도 마찬가지였다. 그가 나중에 병법서 《육도삼략》을 낸 것도 우연이 아니다.

리더는 때를 기다릴 줄 알아야 한다. 주변에서 결정을 재촉하기도 하고, 시간을 끌다 보면 사기가 떨어지고 오히려 내분으로 무너질 가능성도 있다. 그러므로 현재 상황을 최대한 냉철하게 분석하고, 다른 이의 의견을 귀담아 들어야 한다. 정보는 불완전하고 직원들의 의견도 제각각일 것이다. 항상 선부른 판단을 조심해야 한다. 시간에 쫓겨 충분히 검토하지 못하고 결정을 내리다 보면 큰 실수를 하기 마련이다.

결단과 인내심은 동전의 양면과 같다. 성공한 리더는 기다림의 미학을 알고, 나서야 할 때와 물러설 때를 파악한다. 그렇지 못한 리더는 무리한 결정으로 조직 전체를 위험에 빠뜨린다. 이제 다시 한 번 생각해 보자. 지금은 나아갈 때인가? 아니면 기다려야 할 때인가?

위기에도 웃을 수 있는 여유를 보여라

"치세의 능신, 난세의 간웅이라… 생각보다 좋지는 않지만, 싫지
도 않군."
– 174년(20세), 허소가 낙양 북부위 시절 조조를 평했을 때

인터넷이나 신문 등 미디어가 없던 후한 말기 시절, 벼슬아치들은
어떻게 자신의 이름을 알렸을까? 아무래도 사람들의 입을 통해서만
평가받을 수밖에 없었기 때문에 자신에 대한 소문과 평판이 무엇보
다 중요했다.

그렇다면 그 평판에 영향을 주는 것은 무엇이었을까? 그것은 당대
의 유명한 관리나 학자 등에게 인정받거나 백성들의 존경을 받는 것

이었다.

후한 말 여남 지역에는 매달 초하룻날마다 하는 '월단평(月旦評)'이 있었다. 허소는 당시 주요 인물에 대해 평가를 했는데, 그 평가 결과에 따라 높은 벼슬에 오르는 사람들이 있을 정도였다. 지금으로 치면 수십만 명의 팔로워가 있는 인플루언서였다. 이들은 무명인을 일약 스타로 만들수도 있었고, 영원히 매장할 수도 있었다.

허소의 평이 유명해지자 많은 이가 평가를 원해 줄을 섰다. 하지만 그는 나름대로 콧대가 높아 아무에게나 평가를 해주지 않았고 뇌물에도 쉽사리 흔들리지 않았다. 조조도 허소의 평이 중요하다는 것을 알고 그와 만나려 했으나 여러 차례 실패했다. 그와 만나려는 고관대작이 줄을 섰기 때문이다. 하지만 끈질긴 노력 끝에 마침내 허소를 만나 평가를 받게 됐다.

허소는 처음에는 조조의 청을 거절하려다 동물적인 위험을 느꼈다. 조조는 낙양북부위로 재직할 시절 환관의 숙부도 때려잡을 정도로 소신 있는 다혈질의 성격이었기 때문이다. 그는 조조를 이렇게 평가했다.

"당신은 치세에는 능신, 난세에는 간웅입니다."

나라가 안정적일 때는 훌륭한 신하가 되겠으나, 혼란스러울 때는 간사한 영웅이 될 것이라는 의미다. 조조의 카리스마에 기죽지 않고 솔직한 평가를 한 허소도 대단하지만, 그의 평가를 듣고 호탕하게 웃은 조조는 더욱더 큰 여유와 포용력을 보여주었다.

그런데 사실 '치세의 능신, 난세의 간웅'이라는 표현은 왜곡된 측면이 있다. 이 내용은 손성이 《이동잡어》에 기술한 것이고, 나중에 정사 《삼국지》에 주석을 단 배송지가 이 책의 내용을 참조했다. 나관중의 소설 《삼국지연의》에도 마찬가지로 반영되었다.

그러나 보다 신뢰성이 높다고 평가받는 범엽의 《후한서》에는 조조를 '치세의 간적, 난세의 영웅'으로 기술했다. 오히려 평화로운 시대에는 간적이 될 수 있지만, 난세에는 그가 영웅이 될 것이라는 의미다. 당시 후한 말이 난세임을 감안하면 이는 그를 혼란을 종식할 영웅으로 추켜세운 것이었다.

간웅이든 영웅이든 조조는 평가를 겸허하게 받아들였다. 그는 여유가 있는 리더였다. 치세든, 난세든 자신을 간웅으로 묘사한 허소에게도 웃음으로 대응했다.

위기, 위기 할수록
위기에 빠져든다

소프트뱅크의 손정의 회장은 하루도 빠짐없이 언론의 뭇매를 맞았다. 알리바바에 투자해 경이로운 실적을 올릴 때는 그를 찬양하는 뉴스가 도배됐고, 실수를 했을 때는 기다렸다는 듯 그를 비방하는 기사가 난무했다.

만약 그가 이러한 반응에 일일이 맞대응했다면 평정심을 잃었다며 더 많은 언론이 헐뜯었을 것이다. 하지만 그는 냉정하게 사태를 주시하고 이를 해결하기 위해 노력했다. 웃을 수 있는 여유가 없는 혼란의 시기에도 쉽게 흔들리지 않으며 꿋꿋하게 버텼다.

테슬라의 CEO 일론 머스크는 회사가 재정적으로 어려울 때 "나는 파산했어요"라는 블랙 유머를 만우절에 SNS에 게시했다. 그는 다른 사람들의 시선을 신경 쓰지 않고 웃음으로 어려움을 승화했다.

테슬라에서 출시한 픽업트럭인 사이버 트럭을 공개했을 때의 일이다. 사람들은 혁신적인 디자인과 뛰어난 성능에 감탄을 금치 못했다. 분위기가 절정에 달했을 때, 직원은 차의 방탄유리를 테스트하기 위해 쇠공을 가볍게 던졌다. 그때 유리에 금이 쫙 갔다. 순간 행사장에는 어색한 분위기가 감돌았다. 이 천재적인 CEO가 난관을 어떻게 헤쳐 나갈지 다들 주목했다.

"적어도 창문을 뚫고 들어가지는 않았네요. 개선할 여지가 있는 것 같습니다."

그는 특유의 블랙 유머를 구사했다. 당연히 언론은 먹잇감을 찾은 것처럼 그를 맹비난하고 헐뜯었다. 그런데 여기서 반전이 있다. 오히려 수많은 사람이 방탄유리 해프닝을 언급했고 패러디도 많이 생겼다. 다음 날 주가는 6.14%가 급락했지만 선주문량은 25만 대에 달했다. 문제에 의연하게 대처하는 것도 리더의 능력일 것이다.

당시 신차 발표회를 다시 한 번 생각해보자. 스티브 잡스처럼 신제품 발표에서 완벽주의를 지향하는 사람이라면 용납할 수 없는 상황이었을 것이다. 그는 철저한 사전 준비로 유명했다. 준비하는 사람들이 거의 토하고 싶을 정도로 따지고 또 따졌다. 아마 테슬라 같은 일이 벌어졌다면 스티브 잡스의 얼굴은 흙빛이 되고, 쇠공을 던진 사람은 자기 머리에 쇠공을 던지고 싶은 심정이 들었을 것이다.

조조가 적벽 대전에서 수없는 죽을 고비에도 웃어넘겼던 일을 떠올려 보자. 그의 이러한 웃음을 자만이라 비방하는 사람도 있지만, 그의 여유는 부하들의 혼란을 잠깐이나마 안정시켰다.

리더의 여유는 조직이 위기에 처했을 때 더욱 필요하다. 어려운 상황에서 리더가 얼굴을 붉히고 경직된다면 구성원들은 긴장할 수밖에 없고, 긴장하면 제 힘을 발휘할 수 없다.

예전에 어떤 리더는 늘 조직에 긴장감을 유발했다. 회의를 하거나 업무 지시를 할 때도 마찬가지였다. 구성원들은 항상 몸이 굳어 있었다. 매주 회의에서 업무 진척을 확인하고, 제대로 업무가 진행되지 않으면 자아비판을 해야 하는 분위기였다. 구성원들은 당연히 불만이 있었고, 일부 직원들은 퇴사도 감행했다.

매년 '위기'를 새해 인사로 건네는 경영진을 보면 구성원들은 어떤 기분이 들까? 실제로 내가 사회 초년생 때 겪은 일이다. 신년회 인사는 거의 외울 수 있을 정도로 반복되는 구절이었다.

"회사가 유례없는 대내외 위기상황을 맞이해서…."

이렇다 보니 조직은 늘 경직된 분위기일 수밖에 없고, 직원들은 실수가 두려워 좀처럼 자신의 의견을 제시하지 않았다. 변화와 생동감은 자연스레 사라져 갔다.

우리는 어떠한가? 항상 경직되어 있는가? 직원들의 실수나 흠을 찾으면 바로 지적하려 드는가? 회의에서 직원들과 농담을 할 수 있는 마음의 여유가 있는가? 웃을 수 있는 여유가 있는가? "웃으면 복이 온다"라는 격언은 괜한 말이 아니다.

리더는 그릇이 커야 한다. 공자가 "군자는 그릇이 아니다"라고 한 이유도 이와 같다. 군자는 그릇의 한계를 넘어서는 최고의 경지에 이른 사람이다. 리더는 사소한 데서 여유를 잃으면 안 된다. 작은 것에 좌우되는 옹졸한 마음을 가지면 좋은 리더가 될 수 없다. 리더의 그릇이 클수록 조직도 그만큼 성장한다.

제2편

치밀함의 진가는
감출수록 드러난다

: 차가운 머리, 따뜻한 가슴을 지닌 조조의 내면

누가 허술한 리더를
인정하겠는가?

"각 군에 명하노니, 젊은이들에게 문학을 가르치고, 현에는 교육
기관을 설립하고, 우수한 인재를 뽑아 양성하도록 하라."
– 203년(48세), 원소와의 관도 대전 승리 후

동양 철학에서 성실은 중요한 미덕이다. 성실한 사람이 성인이고
군자라고 불리는 이유다. 공자는 《논어》의 〈학이〉 편에서 말한다.

"군자는 음식에 배부름을 추구하지 않고, 주거도 편안함을 추구하
지 않으며, 일을 성실하게 하고 말을 삼가며, 도가 있는 곳에 나아가
바로잡는다면 '호학(好學)'이라고 할 수 있다."

기본적으로 공자는 '교언영색(巧言令色)' 즉 말을 교묘하게 하고 자신을 꾸미는 사람을 조심해야 한다고 했고, 반면 말을 신중히 하며 자신이 맡은 일을 성실하게 하는 사람을 군자라고 여겼다.

조조는 맡은 역할에 충실했다. 부와 권력을 쥐고 있었지만 라이벌 원소처럼 부귀를 탐하지는 않았다. 오히려 자신뿐만 아니라 가족들도 검소하게 살기를 주문했다. 물론 그도 원소의 세력을 몰락시킨 후 업성에 호화로운 동작대를 지은 것은 사실이다. 조조는 여기에서 신하들과 술을 마시고 시를 읊으며 가무를 즐겼다. 다만 그것이 지나치지는 않았다. 그는 예순을 바라보는 나이에 다시 전장으로 나서서 라이벌들과 대적했다.

조조는 전쟁터에서도 자신이 주석을 달고 편집한 《손자병법》을 읽으며 어떻게 하면 전쟁에서 이길 수 있을지 고민했다. 이는 그가 평소 병법을 가까이하고 연구하는 학문적인 자세를 잊지 않았기 때문일 것이다. 비단 병법뿐만 아니라 문학도 마찬가지다. 단순히 취미 생활을 넘어 '건안(중국 후한 헌제의 세 번째 연호) 문학'이라는 새로운 사조를 주도하며 일대를 풍미한 문학가로도 이름을 날렸다.

특히 그가 쓴 시에는 백성과 병사들의 아픔도 함께 녹아들었다. 그동안 귀족들의 멋이나 충과 효를 논하는 유가적인 것과는 다른 학풍이었다. 그만큼 그의 문학은 현실 참여적이었다. 조비, 조식(曹植)도 문학에 뛰어난 재능을 보여 이 세 명의 부자는 '삼조'라고 불렸다. 그만큼 그는 병법뿐만 아니라 시와 예술도 꾸준히 공부했다. 사실 혼란의 시대에 이렇게 성실하게 자기 계발을 한 사람은 찾기 힘들다.

기량은 칼과 같아서
갈고닦을수록 쓸 만하다

훌륭한 리더 중에 성실하지 않은 사람은 찾기 힘들다. 새벽에 기상하는 것은 기본이고, 자신의 실력을 키우기 위해 공부하고, 많은 사람과 교류한다. 세계적인 스타도 마찬가지다. 이들은 정상의 자리에서도 스스로 연습하고 노력하는 것을 게을리하지 않는다.

데이비드 베컴의 인생은 그야말로 성실함 그 자체다. 사람들은 그의 잘생긴 외모와 화려한 겉모습에 주목하지만, 그는 평생 축구에 모든 것을 걸었고 지금도 그렇게 살고 있다. 어렸을 적부터 아버지로부터 엄격한 축구 교육을 받았고, 그 자세를 꾸준히 유지했기에 맨체스터 유나이티드에서 전성기를 구가할 수 있었다. 그는 유명해진 후에도 연습을 게을리하지 않았고, 경기장에서는 누구보다 강한 승부욕을 바탕으로 최선을 다하는 모습을 보였다. 그는 스페인의 레알 마드리드로 의도치 않게 트레이드 되었을 때도 최선을 다해 플레이했다. 화려한 선수들 사이에서도 비교적 초심을 유지했다. 그는 철저한 자기 관리를 한다. 지금도 꾸준히 운동하고 축구 클럽에 투자하며 운영에도 관여하고 있다. 어릴 적부터 시작된 축구에 대한 열정과 노력은 이 순간에도 계속되고 있다. 반면 운동선수 중에는 화려한 선수 생활을 끝낸 후 관리를 못해 몸과 마음이 망가지는 경우도 많다. 이렇듯 성실함은 좋은 리더가 되기 위한 필요충분조건이다.

다산 정약용이 지방관들이 갖춰야 할 자세에 대해 기술한 《목민심서》도 성실의 중요성을 강조했다. 그는 목민관이 시를 읊조리고 바둑을 두며 돌봐야 할 정사를 아래 아전들에게 맡기는 것은 매우 옳지 않다고 강조했다. 또한 술을 금하고 여색을 멀리하고 노래와 음악을 삼가고 유흥에 빠지지 말아야 한다고 했다. 결국 목민관은 선비의 자세를 잊지 말아야 하고, 그러기 위해서는 정당에서 글을 읽는 소리가 나야 한다는 것이다. 결코 쉽지 않은 절제의 삶이기는 하지만, 이는 목민관이 그 지역의 가장 큰 리더이기 때문일 것이다. 리더가 불성실한 모습을 보인다면 사람들은 당연히 리더의 목소리에 귀 기울이지 않을 것이다. 그만큼 리더는 성실함을 모범으로 보여야 한다.

당신은 어떤가? 리더가 되었다고 내가 하는 일을 구성원들에게 미루고 편안함을 추구하지는 않았는가? 더 이상 자기 계발을 하지 않고 현재에 안주하고 있는가? 변화와 발전보다는 현상에 만족하고 있는가? 이런 질문을 끊임없이 스스로에게 던져야 한다. 나의 능력으로 지금의 자리에 오를 수 있었지만, 성실하게 그리고 지속해서 노력하지 않는다면 그 자리를 영원히 보장받을 수 없다. 성실함은 나 자신을 위한 태도이고 구성원에게 귀감이 되는 행동이기도 하다. 리더가 노력하지 않고 안주하려 한다면 과연 누가 진심으로 따르겠는가?

남들보다 더 빨리 출근하고, 집중해서 일하고, 내가 맡은 분야뿐만 아니라 다른 분야로도 확장해 자신의 활동 범위를 높이고 성장하는 것은 성실함의 기본이다. 자신의 성장 외에도 다른 이들의 성장을 돕기 위해 그들의 말을 잘 들어 주고 공감하고 어떻게 하면 같이 성장할 수 있을지 관심을 갖는 것 역시 그렇다.

방심할 때
허 찌른다

"우리는 장수를 항복시켰지만, 인질을 잡아 두지 않은 것은 큰 실수였소."
- 197년(42세), 장수의 항복을 받은 후 역습당해 첫째 아들 조앙(曹昻)을 잃었을 때

인간은 망각의 동물이다. 이는 도움이 될 때도 있지만, 같은 실수를 또다시 저지르도록 만들기도 한다. 성찰하는 자세를 가지고 다음에는 같은 실수를 하지 않으려 노력해야 하는 이유다. 하지만 대부분 인간은 그렇지 않다. 과거를 잊고 같은 실패를 다시금 저지른다.

조조도 그랬다. 진궁의 책략에 속아 복양성에서 죽을 고비를 다시

한 번 넘겼다. 이후 여포를 물리쳤고, 황제를 옆에 끼고 세력을 더욱 확장했다. 많은 명사들이 황제에 귀순한다는 명목으로 그의 휘하로 들어왔다.

조조는 여포에게 터전을 빼앗기고 달아난 유비를 포용하며 안정화를 꾀했다. 다만 원소와의 일전에 앞서 정리할 세력들이 있었다. 바로 근처에 자리 잡은 장수와 남쪽 형주의 유표였다. 이들을 제거하지 않으면 언제든지 후방에서 역습을 당해도 이상하지 않았다. 마침내 조조는 '천자의 군대'라는 기치를 들고 장수가 지키고 있는 완성으로 향했다.

그때 장수의 참모는 바로 가후였다. 가후는 삼국지를 통틀어 가장 깊은 지략과 처세술을 갖추었다는 평을 듣는다. 다만 대의보다 자신의 이익을 우선하는 인물이었기 때문에 후세 사람들은 그의 인품에 대해 높게 평가하지는 않았다. 가후는 어차피 조조와 싸워 봐야 이기지 못할 것으로 판단하고 장수를 설득해 실리를 찾자고 했다. 그는 장수의 숙부인 장제와도 친분이 있었기 때문에 장수는 그를 숙부처럼 여겨 말을 따랐다.

조조는 의외로 쉽게 항복을 받자 마음이 놓였다. 장수에게 여유를 주고, 심지어 무장 해제도 시키지 않았다. 평소 용맹한 장수를 높게 평가하는 그였기에 당연했지만, 자만심에 그만 실수를 하고 만다.

조조는 쉽게 전쟁에서 승리하자 장수들과 축하연을 벌였다. 거듭된 술자리에 점차 긴장이 풀렸다. 그러다가 그는 장수의 숙모이자 장제의 어린 아내 추 씨의 미색이 뛰어나다는 것을 알고, 그녀를 데려와서 동침하고 말았다. 이는 장수의 명성에 금이 가는 일이자 선을 넘은 행동이었다.

만약 조조가 문제를 인식했다면 바로 장수와 병사들의 무장을 해제시키고 장수에게 사실대로 말한 후 이해를 구했어야 한다. 하지만 그는 자만심에 도취되어 장수의 심경 변화를 전혀 눈치 채지 못했다.

장수는 결국 반란을 일으키기로 결심했고, 가후는 계책을 내놓았다. 장수는 진채를 옮기겠다고 조조의 허락을 구한 후 병사들을 배치하여 공격 준비를 갖췄다. 마침내 조조는 장수군의 기습 공격을 받고 혼비백산했다. 이들은 그의 호위무사인 전위에게도 일부러 술을 잔뜩 먹여 기량을 제대로 발휘하지 못하도록 했다. 하지만 전위가 목숨을 걸고 퇴로를 막아 조조는 겨우 달아날 수 있었다. 그는 자만을 뼈아프게 뉘우쳤지만 뒤늦은 깨달음이었다. 그는 이렇게 말했다.

"나는 패배한 원인을 알고 있소. 여러분도 알았으니, 다시는 패배하지 않을 것이오."

패배의 원인은 조조의 태만과 자만심이었다. 이후 그는 여전히 실수할 때가 있었지만, 장수와의 패전에서만큼 어이없게 정신 줄을 놓은 예는 거의 없을 정도다.

영원한 권력도
영원한 1위도 없다

자만심은 리더에게 독과 같은 존재다. 노키아의 예를 들어 보자.

이 회사의 휴대폰이 전 세계를 주름잡던 시절이 있었다. 2007년 시장 점유율은 무려 38%였고, 영업 이익도 109억 달러로 이익률이 21% 정도로 압도적이었다. 당시 삼성전자의 시장 점유율은 14%, 영업 이익은 30억 달러에 불과했다.

노키아의 전성기였던 2007년 6월 29일, 아이폰 1세대가 출시되었다. 당시 노키아 CEO 올리 페카 칼라스부오는 "이해하기 힘든 제품이고, 결코 잘 팔리지 않을 것이다"라고 말했다. 그뿐만 아니라 당시 마이크로소프트의 CEO 스티브 발머도 같은 의견을 피력했다.

"아이폰이 유의미한 점유율을 차지할 가능성은 절대로 없습니다. 애플은 고작 2~3% 정도나 될까요?"

이같이 당시 대표적인 IT 업체였던 노키아와 마이크로소프트의 CEO는 자신들이 최고라고 자부하며 경쟁사들의 신제품 출현에 큰 주의를 기울이지 않았다. 하지만 소비자들의 생각은 달랐다.

전에 근무하던 회사의 IR(Investor Relations) 담당으로 미국에서 투자자들을 만났을 때 일이다. 당시 애플의 아이폰 출시에 대해 어떻게 생각하는지 같은 질문을 받았다. 그때 나는 다른 담당자들과 함께 컨슈머 제품과 통신 기기는 엄연히 다르기 때문에 성공하기가 쉽지는 않을 것이라고 했다. 그런데 강산이 한 번 바뀌자 세상도 바뀌었다. 어제의 1위는 더 이상 1위가 아니었다.

그렇다면 어떻게 해서 최고의 휴대폰 회사가 몰락했는가? 노키아는 1980년대 중반 휴대폰 사업의 새로운 발전을 예감하며 이 사업에 뛰어들었고, 마침내 모토로라를 제치고 세계 최대의 휴대폰 제조사가 되었다. 반면 2010년에 스마트폰이 모바일의 중심이 되며 흔들리기 시작했다. 심비안 운영 체제를 고수하다 구글의 안드로이드 운영 체제에 밀리고, 이를 모면하기 위해 마이크로소프트와 제휴를 맺고 윈도우폰을 내놓았다. 하지만 그것은 최악의 수였다.

사실 노키아를 제친 애플도 1984년에 최고의 절정기를 이룬 후 1997년에 회사가 망할 뻔했다. 애플 역시 자신의 제품에 대한 과도한 자신감으로 경쟁사의 역량을 과소평가했기 때문일 것이다.

아이폰이 출시된 지 불과 6년 만인 2014년에 노키아는 휴대폰 사업을 마이크로소프트에 매각하고 철수해야 했다. 마이크로소프트도 윈도우폰의 확장을 위해 72억 달러의 거금을 들여 인수했으나, 새로운 CEO 사티아 나델라는 1년 뒤 76억 달러의 손실 및 종업원 7,800명 감원이라는 비싼 대가를 치러야 했다.

리더에게 자신감은 필요하지만, 자만과 자신감은 다르다. 자신감이 과하면 자만이 된다. 조조뿐만이 아니었다. 유비도 오나라의 차세대 명장 육손을 업신여기다가 이릉 대전에서 대패했다. 둘의 차이점은 조조는 장수와의 패전을 교훈 삼아 더 성장했지만, 유비는 그 패전으로 상심해서 죽고 말았는 것이다. 자만이 얼마나 무서운 지 일깨워주는 대목이다.

계획은 체계적으로 세우고
행동은 유동적으로 하라

"내가 예상하건데 안중현에서 반드시 이들을 격파할 수 있을 것
이오."

– 198년(43세), 조조의 군대가 유표와 장수의 협공을 받을 때

시나리오는 연극, 영화, 방송 프로그램을 만들기 위해서 작성하는
글이다. 일종의 계획서와 같다. 시나리오에는 크게 시간, 장소, 지문,
등장인물이 나온다. 이 시나리오가 기업에서도 중요하다. 시장의 변
동성이 갈수록 커지는 상황에서는 시장이 어떤 방향으로 갈지 예측
한 후 곧바로 대응책을 마련해야 하기 때문이다. 개인도 마찬가지다.
우리의 인생이 천편일률로 똑같지 않기 때문에 경우의 수를 생각하

고 거기에 맞춘 자신만의 계획을 만들어야 한다.

조조는 한 왕조 부흥이라는 비전을 가지고 목표와 계획을 세워 실행했다. 황제를 모셔 오고 능력 있는 조정의 관리들을 임명해 세력을 키우며 정국을 안정화하려 했다. 당시 누가 황제로 나선다고 해도 이상하지 않을 정도로 군벌 사이에서는 불온한 기운이 감지되었다. 그는 자신만의 시나리오를 쓰고 있었지만, 작은 전투에서도 항상 신중히 생각했다. 그는 늘 여러 가지 경우의 수를 고려하는 타고난 승부사였다.

조조는 장수에게 뼈아픈 패배를 당한 후 전열을 가다듬은 그해 겨울, 재차 군대를 이끌고 남쪽으로 향해 장수를 방패막이로 삼고 있는 유표를 공격했다. 유표의 부장 등제를 공격해 생포하고 양현에서 장수를 포위했다. 승기를 잡고 최후의 일격을 가하려 했으나 원소가 모사 전풍의 계략으로 허도를 습격할지 모른다는 정보를 들어 후퇴했다. 물론 그는 원소가 습격할 가능성이 낮다는 것을 진작 파악했지만, 공격한다는 정보가 계속 들어오자 만일을 대비해 결단을 내린 것이다. 이때 유표는 조조의 퇴로를 막고, 장수는 그를 추격하려 했다. 하지만 그는 당황하지 않고 오히려 순욱에게 이런 편지를 보냈다.

"적들이 우리 군대를 추격하고 있소. 길이 험해서 하루에 몇 리밖에 행군할 수 없지만, 내가 예상컨데 안중현에서 반드시 이들을 격파할 수 있을 것이오."

조조의 여유에는 근거가 있었다. 그 근거는 나중에 그가 허도에 무사히 도착한 후 순욱과 한 대화에서 찾을 수 있다. 조조는 밤낮으로 말을 타고 달려와 몰골이 말이 아니었다. 당장이라도 말에서 떨어질 것처럼 피곤해 보였지만, 순욱은 그를 붙들고 궁금증을 풀고자 했다.

"주공께서는 전에 적들이 반드시 패할 것이라고 하셨는데, 그 이유는 무엇인지요?"

순욱의 질문에 조조는 너털웃음을 지으며 이렇게 말했다.

"적이 우리 군대가 돌아가는 길을 막고 사지에 몰아넣고 싸웠기 때문에 병사들이 용기백배하여 싸워 승리할 수 있었던 것이오."

물론 이것은 정신적인 면에서 맞지만 조조는 머릿속에 이미 시나리오를 그리고 있었다. 만약 급하게 추격한다면 오히려 장수에게 기습당할 수도 있다고 말이다. 왜냐하면 장수의 입장에서는 이번 기회에 반드시 조조를 잡아 죽여야 후환을 없앨 수 있었기 때문이다. 이미 천하의 대세가 조조에게 기울고 있었고 천자도 그의 손아귀에 있으니 갈수록 승산은 낮아질 것이었다. 조조를 제거한다면 그들은 천자를 모셔 와 원소와 협력하고 다시 판을 짤 수도 있었다.

조조는 이러한 심리를 제대로 이용했다. 그는 한밤중에 안중현의 요충지에 굴을 파 군사 물자를 모두 숨겨 두고, 기습할 군사를 매복시켰다. 날이 밝자 유표군과 장수군은 이미 조조군이 도망갔다고 생각하고 맹추격하려 했다. 이때 조조가 혼란스러운 틈을 타 매복한 보병과 기병 등 정예병을 모두 내보내니 적군은 혼비백산했다. 그야말로 신출귀몰한 용병술이었다.

조조는 아군과 적군의 심리 상태를 모두 파악해 이러한 작전을 구사할 수 있었다. 다양한 시나리오에 기반한 그의 전략은 곳곳에서 빛을 발했다. 평소 그는 전쟁터에서 《손자병법》을 끼고 살 정도로 늘 전략을 머릿속에 염두에 두고 있었다. 이 병서의 〈군쟁〉 편에는 이러한 내용이 있다.

"고향으로 돌아가는 부대는 가로막지 말고, 적을 포위할 때는 한쪽을 터주어야 한다."

유표는 이를 무시하고 퇴각하는 적을 막았으니 패배할 수밖에 없었다.

현명한 리더는 언제나
차선책을 생각한다

리더는 늘 다양한 시나리오를 염두에 두어야 한다. 플랜 B가 필요한 이유다. 만약 한 가지 경우만 생각하고 플랜 A로 일을 추진하다 일이 잘못된다면 어떻게 할 것인가? 당연히 당황할 수밖에 없다. 어떤 결정을 내린 후 그 일이 잘 안 될 경우도 대비해야 한다. 자신뿐만 아니라 구성원들의 성패도 같이 걸려 있기 때문이다.

시나리오라고 하면 역시 체스를 빼놓을 수 없다. 〈퀸즈 갬빗〉이라는 체스 드라마가 종전의 히트를 기록할 정도로 체스는 대표적인 전략 게임이다. 8×8, 64칸의 격자로 이루어진 보드에서 두 명이 경기를 진행하며 체크메이트 또는 상대의 기권이나 실격을 통해 승리할 수 있다. 경우의 수만 해도 10의 40승 정도이고, 양 선수가 첫 수를 두는 것도 무려 400가지가 있다. 이러한 경우의 수를 모두 풀기 위해서는 100년이 소요된다고 한다.

엘리베이터 스피치라는 것도 있다. 엘리베이터를 타는 약 1분 내로 투자자나 중요한 사람의 마음을 사로잡아야 함을 뜻한다. 그러려면 평소 연습을 해야 한다. '무엇을, 왜, 어떻게'를 생각하고, 예상 질문을 생각하는 습관을 들여야 한다. 모든 일이 잘된다면 이렇게까지 준비를 할 필요는 없지만, 인생이라는 것은 그렇지 않다. 언제든지 다른 변수가 발생할 수 있다.

예전에 어떤 상사는 머릿속으로 다양한 경우의 수를 그린다고 말했다.

'만약 내가 이런 경우를 선택하면, 상대는 무엇을 선택할 것인가? 그렇다면 나는 또 어떤 선택을 해야 할까?'

늘 이렇게 다양한 시나리오를 생각했기 때문에 평소 머리가 아프다고 했지만 말이다. 하지만 여러 가지 경우를 생각하는 그의 모습은 게임을 하는 아이처럼 즐거워 보였다.

이제 자신이 하고 있는 일을 돌아보자. 진행하는 일은 앞으로 어떻게 전개될 것인가? 잘되거나 안될 경우, 나와 구성원은 어떻게 대처할 것인가? 평소 이런 생각을 훈련하는 사람과 아닌 사람은 위기를 맞았을 때 차이가 날 수밖에 없다.

위기는
기회다

"조조는 어디에 있는가?"

"그는 황색 말을 타고 도망가고 있습니다."

– 194년(39세), 복양성에서 여포의 매복 공격에 당해 달아날 때

    살다 보면 위기의 순간들이 있다. 위기의 순간을 맞았을 때 이를 잘 헤쳐 나가는 사람이 있는 반면 그렇지 못한 사람들도 있다. 그것을 단순히 운명이라고 말하기에는 나의 선택과 판단이 좌우하는 면도 결코 무시할 수 없다. 위기를 기회로 만드는 것도 리더의 몫이다. 조조는 100만에 육박하는 황건적에 대승하여 30만의 청주병을 얻은 후 승승장구했다. 이후 연주목이 되면서 조조는 의기양양했다.

'드디어 나 조조가 해냈다. 이제 더 이상 눈치보고 살지 않아도 된다.'

하지만 '새옹지마(塞翁之馬)'라는 고사성어가 있듯 성공의 끝에는 늘 실패의 위험이 도사린다. 조조는 너무 자만하고 있었고, 결국 일이 터지고 말았다. 아버지 조숭이 연주에 자리 잡은 아들 곁으로 돌아오기 위해 가솔을 이끌고 도겸이 다스리는 서주를 지나가게 되었다. 도겸은 조조의 환심을 사기 위해 호위병을 지원했지만 도겸의 황건적 출신 부하들은 조숭과 가족을 죽이고 재산을 빼앗아 산으로 달아났다.

조조는 도겸을 상대로 복수를 결심한다. 명분도 충분했다. 그는 거침없이 성들을 정복해 나갔다. 평소 그답지 않게 정세를 분석하는 냉철함도 잊은 것 같았다. 파죽지세로 군대가 진군했지만, 오히려 후방인 연주에서 반란의 씨앗이 자라고 있었다.

시작은 조조에게 불만을 품고 있던 연주의 관리들이었다. 그 중심에는 진궁이 있었다. 진궁은 한때 그에게서 미래를 보고 그와 함께하고자 했으나, 그의 거침없는 성격과 그가 환관의 자손이라고 무시한 지역 명사들을 죽이는 것을 보고 마음을 돌렸다. 진궁은 조조와 막역한 사이인 진류 태수 장막을 설득해 반란 세력에 포함시켰고, 여포의 무력을 이용했다.

"지금 조조가 서주를 치기 위해 군대를 일으켰기 때문에 연주는 비어 있는 것이나 마찬가지입니다. 연주만 얻을 수 있다면 다시 한 번 큰일을 꾀할 수 있습니다."

연주의 각 성과 고을에서 반란이 일어나 조조의 세력은 빠른 속도로 밀려났다. 한편 그는 이러한 변화를 모른 채 여전히 서주를 공략하는 데 골몰하고 있었다. 그러다 전장에 있던 그에게 급한 전갈이 왔다. 그는 전혀 당황하지 않고 빠르게 회군한 후 용기백배하여 여포와 전투를 벌였으나, 여포의 강한 군대에 밀리고 말았다. 조조는 점점 초조해졌다. 고민하던 그에게 한 가지 유혹이 생긴다. 여포가 있는 복양성에서 전 씨 부자가 그와 내통하겠다는 밀서를 보낸 것이다. 함정일 수도 있었지만 그는 자신의 감을 믿어 보기로 했다. 하지만 그것은 진궁이 짜낸 계책이었다.

그나마 참모의 권유로 만일을 대비해 군대를 나누어 바깥에서도 대비를 하게 했다. 조조군은 전 씨를 믿고 성안으로 들이닥쳤다. 그런데 막상 성안에는 아무도 없었다. 역시 함정에 빠진 것이다. 네 성문에서는 불길이 치솟았고, 조조군은 혼란에 빠졌다.

성 안에서는 혼전이 일어났다. 조조는 장수와 병사들과 헤어져서 하염없이 헤매고 있었다. 이때 저 멀리서 여포가 방천화극을 끼고 적토마를 몰고 달려왔다. 늠름한 여포의 모습은 저승사자와 다름 없었다. 여포는 혼자 떨어져 있는 조조가 패잔병 중 하나라고 생각하고 물었다.

"조조는 어디 있는가?"

순간 조조의 머릿속에는 오만가지 생각이 떠올랐다. 그는 재치를 발휘해 이렇게 말했다.

"그는 저쪽으로 누런 말을 타고 달아나고 있습니다."

조조는 자신이 달아날 곳의 반대 방향을 가리켰고, 생사의 갈림길에서 극적으로 살아났다. 그는 불에 그을려 수염도 타고 얼굴도 까맣게 되었다. 부하 장수들은 살아 돌아온 그의 모습을 보고 기뻐했지만, 금세 위축되었다. 하지만 그는 소리 내어 웃었다.

"내가 실수해서 그놈의 계략에 걸려들었구나. 이번에는 우리가 그 계략을 이용해 여포군을 공격하자."

조조는 자신이 죽었다고 거짓 소문을 내고, 이를 미끼로 적군을 유인해 냈다. 조조군은 오랜만에 여포군을 물리쳤다. 여포는 복양성으로 숨어 들어갈 수밖에 없었다. 싸움에 종지부를 찍은 것은 메뚜기 떼였다. 군량이 떨어졌기 때문에 양측은 더 이상 전투를 벌이지 못하고 물러났다. 조조는 비록 자신의 첫 자산인 연주를 잃을 수도 있었지만, 위기를 기회로 전환하는 능력으로 버텨 냈다.

굴욕과 실패를 견딜 때
더 큰 기회를 잡을 수 있다

스티브 잡스가 설립한 애플이 1980년대 애플 1을 내놓았을 때 회사는 장밋빛이었다. 하지만 이후 내놓은 애플 리사는 비싼 가격 때문에 혁신적인 제품임에도 소비자에게 외면을 받았다. IBM의 대중적이고 저렴한 PC가 승기를 거머쥔 것이다. 더 큰 실수는 펩시콜라의 부사장이었던 존 스컬리의 영입이었다. 잡스는 코카콜라에 필적하도록 펩시의 브랜드를 키운 그의 능력을 기대했으나, 둘의 가치관과 세계관은 달랐다. 스컬리는 독단적인 잡스가 마음에 들지 않았고, 결국 잡스는 이사회의 표결로 회사에서 쫓겨났다.

이후 애플은 다른 많은 CEO를 겪으며 점차 정체성을 잃어 갔다. 잡스는 1997년 7월 임시 CEO로 화려하게 복귀했다. 하지만 사람들은 그의 성공을 의심했다. 더군다나 그는 자신이 설립한 회사에서 불명예 제대를 한 상황이었다. 당시 세계적인 컴퓨터 회사 중 하나로 불리던 Dell의 회장 마이클 델은 애플의 경영권을 갖는다면 회사의 문을 닫고 주주들에게 돈을 돌려주겠다는 말을 할 정도였다. IBM과 함께 PC 시장을 본격적으로 연 애플로서는 치욕적인 순간이었다. 그러나 잡스는 냉정하게 판단했다. PC 제품 수를 네 가지로 줄이고, 가장 중요한 원가 부분의 혁신을 꾀했다. 많은 종업원을 정리했고, 조직을 슬림화했다. 오늘날 애플의 기틀을 다진 것이다.

위기는 언제든지 찾아온다. 사실 조조만큼 수없이 배반당하고 좌절을 겪은 이도 많지 않다. 하지만 그는 포기하지 않고 다시 일어섰다. 그는 연주를 터전으로 만든 후 자만했고, 잡스도 마찬가지였다. "소비자도 소비자의 마음을 모른다"라며 늘 자신감에 가득 찼지만, 그것이 잘못된 결과로 이어지게 되었다. 조조는 이후 자신에게 반항하는 명사들을 함부로 대하지 않았고, 잡스도 예전보다 유한 모습을 보이게 되었다.

이렇듯 리더는 조직이 정상에 있거나 승승장구할 때, 다가올 리스크를 늘 염두에 두어야 한다. 구성원이 승리감에 빠져 자만할 때 제동을 거는 역할을 할 필요도 있다. 찬물을 끼얹는다고 불평을 들을 지라도 말이다. 영원한 승자가 없듯 패자는 다시 승자가 되기 위해 열심히 칼을 갈 것이고, 승자의 자리는 언제든지 위협받을 수 있다.

부하 직원이 나를 모함할 수 있고, 다른 리더가 나를 경쟁 상대로 여겨 정당하지 않은 방법으로 손해를 끼칠 수도 있다. 하지만 그러한 일에 일희일비하다 보면 무너질 수밖에 없다. 흔들림은 나의 마음에서부터 시작된다.

누가 뭐라고 하든 간에 정당한 노력으로 쟁취한 것이라면 나를 믿고 극복해 가는 마음이 필요하다. 이러한 마음가짐은 비단 나뿐만 아니라 내가 이끄는 팀과 구성원을 지키는 것이다. 우리의 인생은 결코 쉽지 않다.

자신을
예외로 두지 마라

"법을 만들어 놓고 스스로 어겼으니 어찌 부하들을 이끌 수 있겠는가? 하지만 나는 군대의 우두머리이기 때문에 죽을 수 없으니 스스로 형을 받기를 청한다."
– 198년(43세), 유표를 정복하러 갈 때 조조의 말이 날뛰다 보리밭으로 뛰어들자

맹자는 '사단(四端)'이 사람의 마음에서 우러나오는 네 가지 마음을 말한다고 강조했다. '인(仁)'은 다른 사람의 사정을 안타깝게 여기는 '측은지심(惻隱之心)', 의(義)는 불의를 미워하는 '수오지심(羞惡之心)', '예(禮)'는 타인에게 양보하고 예의를 갖추는 '사양지심(辭讓之

心)', '지(智)'는 옳고 그름을 구분할 줄 아는 '시비지심(是非之心)'을 일컫는다.

인, 의, 예는 인간의 기본적인 덕목이며 이는 리더뿐만 아니라 누구에게나 필요한 삶의 가치, 즉 인간을 향한 따뜻한 마음가짐이다. 하지만 업무상 능력을 따진다면 무엇이 옳고 그른지 밝힐 수 있는 시비지심의 지가 꼭 필요하다. 왜냐하면 리더는 수많은 판단과 의사 결정을 내려야 하고, 그러려면 자신만의 원칙이 필요하기 때문이다.

조조는 기본적으로 법가주의를 따라 원칙을 세우고 기강을 잡았다. 이는 전국 시대 철학자 순자로 거슬러 올라간다. 순자는 '인간의 본성은 악하다'는 성악설을 바탕으로, 사회가 유지되려면 예와 법이 필요하다고 주장했다.

나아가 그의 제자 이사와 한비자는 왕권을 강화하고 힘으로써 다스려야 한다는 패도 정치를 주장했다. 결과적으로 진나라는 이사의 법가주의에 기반해 삼국을 통일할 수 있었지만, 혹독한 법령으로 민심을 잃었다.

이러한 병폐를 인지하여 조조는 법과 너그러움을 적절하게 안배했다. 강력한 군율을 중요시했지만, 때로는 병졸들을 위로하는 당근책도 제시했다. 전투에 패한 장수도 너그럽게 용서할 때가 있었다.

198년, 조조의 나이 43세. 그는 유표와 장수를 정복하기 위해 다시 나섰다. 배경은 이렇다. 그는 헌제를 허도로 모셔 와 권력의 중심에 서게 되었다.

조조는 안정적인 세력을 형성했다. 이제 가장 큰 라이벌은 황하 이

북 원소의 세력이었다. 그는 원소와 패권을 다투기 전 먼저 근처의
골칫거리들을 제거해야 했다.

스스로 형벌을
받은 조조

장수는 본래 동탁 휘하에 있다가 그가 살해당하자 자신의 삼촌인
장제에게 의지했다. 장제마저 죽자 그는 유표와 연합했는데, 유표는
그를 형주의 최북단에 배치해 조조와 대적하게 했다. 이는 나중에 유
표가 유비를 신야성에 배치해 조조와 싸우게 한 것과 유사한 전략이
다. 조조는 이전 해에 장수를 공격해 의외로 쉽게 항복을 받은 후, 마
음 놓고 있다가 역습을 받았다. 장수의 책사였던 가후는 떠오르는 해
인 조조에게 귀순하자고 했다. 당시 인재가 절실했던 조조였기에 장
수의 귀순은 환영할 만한 일이었다. 하지만 '호사다마(好事多魔)'라
고 했던가? 좋은 일이 있으면 나쁜 일도 많이 있게 마련이다.

조조는 실수로 큰아들과 조카, 그리고 호위무사인 전위를 잃었다.
결국 그는 복수를 다짐하고 다시 정복에 나섰다. 엄중한 마음으로 출
정하며 그는 군대에 명령을 내렸다. 마침 논밭에 한창 곡식이 자라는
시기였다.

"장졸들은 행군 중에 주변의 농작물을 망쳐서는 안 된다. 만약 이를
어기는 자는 군법에 따라 엄히 처벌할 것이다."

장수와 병사들은 이를 명심하고 대오를 정비해 조심해서 행군했다. 조조는 옆에 장수들과 이야기를 나누면서 말을 몰고 있었는데, 보리밭에서 갑자기 새가 튀어나오자 놀란 그의 말이 날뛰며 보리밭을 엉망으로 만들었다. 가까스로 말을 안정시켰지만, 조조는 복잡한 생각이 들었다. 스스로 군령을 만들었으니 모범을 보여야 했다. 하지만 그것이 자신에게 해당될지는 미처 몰랐다. 그는 부하를 불렀다.

"여봐라, 군령을 어겼을 때는 어찌해야 하는가?"

부하는 난감했는지, 이렇게 답했다.

"춘추의 뜻을 봤을 때 존귀한 분에게는 죄가 미치지 않습니다."

한마디로 법은 높은 사람에게는 해당하지 않는다는 임시변통의 대꾸였다. 그러나 이것으로 만족할 조조가 아니었다.

"내가 마땅히 법에 따라서 처벌을 받아야 하나, 군대를 이끄는 몸이기 때문에 스스로 형벌을 받겠다."

그는 자신의 보검으로 머리카락을 싹둑 잘라 부하에게 건넸다. 당시 유교에서는 부모에게 물려받은 신체는 함부로 훼손하면 안 되었다. 그 자체로 불효에 해당한다. 《효경》에서 '신체발부 수지부모 불감훼상(身體髮膚 受之父母 不敢毁傷)'이라고 했다. 즉 부모로부터 물려받은 신체를 터럭 하나라도 감히 훼손해서는 안 된다는 것이다.

그의 머리카락은 장졸들에게 큰 귀감이 되었고, 더욱더 군령에 힘을 실었다. 당시 조조의 군대가 원술과 여포를 물리친 것은 결코 우연이 아니다. 무엇이 옳고 그른지, 즉 백성들이 피와 땀으로 경작한 곡식을 해치면 안 된다는 확실한 원칙을 심어주었기 때문에 기강이 잡혔고 수많은 전투의 승리를 이끌게 된 것이다.

물론 매사에 엄격할 수는 없다. 원칙에 따라 행동하다 보면 구성원들이 피로감을 호소할 수밖에 없다. 때로는 유연함도 보여 줄 필요가 있다. 동시에 시비를 가리는 마음가짐이 필수적이다.

예를 들어 직원이 자신이 맡은 업무에 소홀하고 나태한 모습을 보인다면, 지적할 줄도 알아야 한다. 그렇지 않다면 그 직원은 자신이 무엇을 잘못했는지 인지하지 못할 것이다. 적당히 근무 시간을 채우고, 주어진 업무를 맞추고, 때로는 지연시키고, 그에 대한 변명을 늘어놓는다면 확실한 메시지를 줄 필요가 있다. 이런 과정이 없는 조직은 느슨해지고 점차 성과가 떨어질 수밖에 없다. 잘못하면 조직 자체가 와해된다.

전에 몸담았던 회사에서의 일이다. 리더의 공포 정치로 인해 부서 분위기가 너무 안 좋았다. 다행히 팀원들이 서로 의지하고 용기를 북돋우면서 버텼지만, 다들 상황이 끝나기만을 바랐다. 그것은 리더가 오직 결과물에만 집착하며 구성원들을 혹독하게 다루었기 때문이다.

공포 분위기를 조성하라는 말이 아니다. 시비를 가리되 그 수준을 조정하고, 직원들의 공감을 이끌어 내는 것이 필요하다. 그러려면 리더는 스스로 자신이 정한 원칙을 지켜야 한다. 직원들에게 열심히 일을 하라고 말하면서 자신은 업무에 태만하다면 어떤 구성원들이 진심으로 그 리더를 따르겠는가?

능력도 중요하지만
가치관이 더 중요하다

"기주 자사 왕분, 남양 사람 허유, 패국 사람 주정 등이 영제를 폐
위하고 합비후를 옹립할 계획을 세워 조조에게 참여를 요청했지
만 그는 이 제의를 거절했다."
– 185년(30세), 조조가 제남국의 상을 지내고, 이후 동군 태수에
임명되었지만 병을 핑계로 낙향했을 때

이나모리 가즈오는 '경영의 신'이라고 불린다. 1959년, 엔지니어 출
신인 그는 27세에 자본금 3,000만 원으로 벤처 기업 교세라를 창업했
다. 당시 상황을 감안하면 벤처 기업을 한다는 것은 결코 쉬운 일이
아니었다. 아무리 기술력이 있다고 해도 온통 가시밭길이었다. 가즈

오는 《왜 리더인가》에서 "수도 없이 문전박대를 당하고 머리를 조아려야 직원들에게 간신히 월급을 줄 수 있었다. 차가 없어 하루 12시간을 걸어 다녔지만 그것도 쌓이니 하나둘 거래처가 늘었다"라고 술회했다.

"돌이켜보니 위기를 넘기고 사업을 키우는 건 인재도, 돈도, 능력도 아니었다. 가장 중요한 것은 사람의 마음이었다."

교토세라믹은 매출 16조 원, 종업원 7만 명의 글로벌 기업으로 성장했다. 그는 회사의 성공 여부를 떠나 사람에 대한 따뜻한 마음이 리더의 중요한 가치관이라고 강조했다.

하수의 잇속은
고만고만하다

난세에 뛰어난 능력 때문에 조조는 종종 역모에 가담하도록 제안받기도 했다. 동탁도 그의 능력을 인정하고 자신과 같은 과라고 여겨, 그에게 비주류가 주류를 물리치자 제안할 정도였다.

물론 조조는 이를 거절했다. 그가 동탁을 죽이기로 결심한 것은 한나라 왕실을 재건하기 위함이었다. 그에게 중요한 가치는 바로 한 왕조고, 자신은 충신이 되는 것이었다. 군웅들이 눈에 불을 켜고 자신들의 이익을 위해 서로를 배신할 때도 조조는 평정심을 유지하기 위해 노력했다.

조조는 황건적 토벌 후 공로를 인정받아 여러 현을 다스리고 제후국을 관리하는 제남국의 상으로 승진했다. 임기 동안 그는 부정부패를 척결하고 잘못된 미신도 바로잡았다. 덕분에 백성들은 그를 인정하고 칭송했으나 정국은 여전히 어지러웠다. 황제 영제는 새로운 궁궐을 건축하는 것에 골몰하고 있었고, 환관들은 그런 와중에 자신들의 잇속을 챙기려고 했다. 조조는 환멸을 느끼고 고향으로 돌아가 은거했다. 그가 고향에서 첫째 아들 조비의 탄생을 지켜보며 초야에 묻혀 있을 때, 어떤 이가 그를 찾아왔다. 마침 조조도 전군교위로 임명되어 다시 조정으로 나갈 준비를 하고 있었다. 그는 조조에게 이런 제안을 했다.

"우리와 함께 모의에 참여하겠소?"

영제는 여전히 무리한 토목 공사를 벌이고 있어 관리와 백성들의 불만은 나날이 높아졌다. 이에 기주 자사 왕분은 영제에게 이를 중단해 달라고 수차례 상소를 올렸지만 황제는 듣지 않았다. 결국 왕분은 뜻있는 지사들과 함께 황제를 폐위할 계획을 세웠다. 마침 그가 낙양성의 전군교위로 다시 벼슬자리에 오르는 그의 군사력이 필요했던 것이다.

놀란 가슴을 진정시키며 조조는 다음과 같이 말했다.

"나는 함께하지 않을 것이오."

현실 파악에 능한 조조는 이번 거사가 결코 성공할 수 없다는 것을 잘 인지하고 있었다. 영제가 아무리 우둔하다고 해도 그의 곁에는 그를 지지하는 신하와 장수들이 즐비했다. 사람들은 황제의 문제가 그저 환관들의 농락 때문이었다고 생각했다. 환관만 제거하면 황제도 예전처럼 바른 정치를 펼칠 수 있을 것이라는 기대감도 있었다. 그렇기 때문에 이번 거사는 성공할 수 없었다. 결국 왕분은 금번 반역 모의가 발각될 것에 대한 두려움으로 스스로 목숨을 끊었다.

더 대담한 사건도 있었다. 조조가 잠시 원소 아래에 있을 때다. 반동탁 연합군은 와해되어 각자의 이익을 찾고 있었다. 원소도 예외는 아니었다. 원소와 한복은 유주목 유우를 황제로 옹립할 계획이었다. 앞서 영제를 폐위하려는 것은 나름대로 명분이 있었다. 그가 워낙 우둔하고 쓸데없는 토목 공사로 백성들을 힘들게 했기 때문이다.

하지만 이번에는 달랐다. 어린 황제가 동탁의 손아귀에 있었다. 동탁은 이미 낙양에서 더 먼 서쪽에 위치한 장안으로 천도시켰지만 한나라 황실의 황제는 엄연히 생존하고 있었다. 그런 상황에서 새로운 황제를 옹립하는 것은 명백한 반역이고 더 많은 혼란을 야기할 게 분명했다. 조조는 거절했다. 당시 상황을 역사서는 이렇게 기록한다.

"원소는 조조와 앉아 있는 자리에서 그에게 옥새를 들어보였다. 그는 겉으로는 웃었지만 속으로 원소를 증오하게 되었다."

유우는 지각이 있는 사람이라 원소와 한복의 제안을 거절했다. 그런데 원소는 더 큰 야망을 갖고 있었다. 옥새를 손에 들고 있다는 것은 황제가 될 의향이 있음을 의미했다. 이는 앞선 반역보다 훨씬 더 심각한 것이고 동탁을 능가하는 야심이었다. 동탁조차도 황제가 되어 동 씨 세상을 만들려고 하지는 않았기 때문이다.

조조가 세력을 키우고 천하의 대세가 될 수 있었던 것은 그가 믿는 가치 때문이었다. 황제를 받들었기 때문에 그에게 대의명분이 있었고 다른 인재들을 모을 수 있었다. 반면 원소에게는 대의명분이 없었다. 그는 단지 화북 지방의 군벌에 불과했다.

리더에게 가장 중요한 것은 가치관이다. 비전과 미션이 조직이 나아갈 바를 제시한다면, 가치관은 리더의 마음을 나타낸다. 이나모리 가즈오의 가치관을 조금 더 이야기해 보겠다. 그는 인간은 순수한 존재로 태어나지만 혼을 맑게 다스리려는 노력을 게을리해서는 안 된다고 했다. 인간의 본능은 너무나 충동적이고 이기적이기 때문이다. 마치 어린아이들이 어렸을 적에 조그마한 곤충을 갖고 놀며 자기도 모르게 괴롭히는 것과 마찬가지다. 비록 아이의 의도는 악하지 않더라도, 곤충의 입장에서는 이런 날벼락이 없다.

조조가 강조한 것은 남을 이해하는 마음이다. 남을 돕는 것이 바로 우주 만물의 생성 원리와 마찬가지라는 것이다. 즉 우주 역시 지금의 모습을 만들기 위해 끊임없이 변화했고, 이를 통해 인간과 동물, 사물이 존재하여 많은 이가 행복을 느끼게 되었다.

결국 리더의 가치관의 근본에는 사람을 이롭게 하는 마음가짐이 필요하다. 수많은 기업이 이러한 마음가짐으로 시작됐다. 다른 이들에게 도움이 되고 세상을 조금 더 낫게 만들기 위해서였다. 나의 부를 위해서만 기업을 성장시켰다면 지금까지 지속 가능한 것이 과연 몇 건이나 될까? 그러므로 리더가 된다면 나의 마음가짐과 가치관을 먼저 돌아보는 것이 필요하다.

명예에 목숨 걸다
실리 잃는다

"원소는 뜻은 크지만, 천하 형세에 대한 판단이 느리오. 틀림없이
출정하지 않을 것이오."
– 200년(45세), 원소와 관도 대전을 앞두고 유비를 먼저 공격하
기로 결정할 때

중국 고사에 '송양지인(宋襄之仁)'이라는 말이 있다. 글자 그대로
해석하면 '송나라 양왕의 어짊'이라는 뜻이라 얼핏 긍정적인 의미로
보인다. 하지만 이는 '나의 처지를 모르고 남을 동정하는 어리석음'을
뜻한다.
기원전 638년, 송양공은 초성왕과 홍수라는 곳에서 싸움을 벌였다.

송나라 군대는 전열을 갖췄으나, 초나라 군대가 강을 건너오고 있을 때였다. 이때 그의 부하가 말했다.

"초나라 군사는 많고, 우리는 그렇지 않습니다. 적들이 아직 강의 절반을 건너지 못했을 때 공격해야 합니다."

초나라 군대는 송나라 군대보다 병력도 많았고 더 강력했기 때문에 이기기 위해서는 빈틈을 노리는 것이 당연했다. 하지만 송양공은 반대했다.

"군자는 부상자를 살상하지 않고, 머리가 희끗한 자를 포로로 잡지 않고, 상대를 밀어붙이거나 곤궁한 곳에서 추격하지 않는다고 했다. 아직 전열을 갖추지 않은 적을 공격하는 것은 의를 해치는 것이다."

그는 부하들의 생명보다 군자로서 자신의 명예를 더 중요시했고, 결국 승부의 타이밍을 놓쳐 전쟁에서 패배해 수많은 병사와 장수를 잃었다. 송양공이 지키려던 명예는 오히려 후세 사람들의 조롱거리가 되었다.

반면 조조는 상당히 실리적이었다. 황제를 허현으로 모셔 온 대가로 그는 대장군이 되었다. 조정에서는 원소를 태위로 임명했다. 태위는 대장군보다는 한 단계 아래였다. 명예를 중요시하는 원소로서 절대 받아들일 수 없는 처사였다. 원소는 조조 아래 놓이는 것을 치욕이라 생각했다.

물론 조조는 황제를 모셔오는 데 아무런 공이 없는 원소에게 대장군이라는 감투가 쓰이는 것이 그다지 탐탁지 않았다. 하지만 대장군이라는 명예 대신 한 발자국 물러나 실리를 취했다. 그는 고위직인 삼공(태위, 사도, 사공) 중 하나인 사공이 되었다. 원소의 명예심을 이용해 그에게 감투를 씌워 주고 시간을 벌었다. 원소는 그 감투가 독이 든 사과라는 점을 인지하지 못했다. 만약 조조가 끝까지 대장군이라는 허망한 명예를 추구했다면 원소는 분노해 허도로 공격을 감행했을 것이고, 당시 충분한 세력이 확보되지 못한 그는 패배할 수밖에 없었을 것이다.

역사서에서는 원소를 이렇게 묘사한다.

"그는 겉으로는 관대하고 아량이 있는 듯 보이고 감정을 잘 드러내지 않았지만, 속으로는 의심이 많고 꺼리는 것이 심했기 때문에 이를 이렇게 처리했다."

원소가 남쪽으로 조조를 정복하러 갈 때 참모 전풍은 조조가 군대를 잘 다루고, 변화무쌍한 전술을 구사하기 때문에 경시하면 안 된다며, 차라리 지구전으로 대처하는 것을 조언했다. 주장은 상당히 합리적이었다. 남쪽의 형주에서 유표와 손권이 견제를 하는 와중 북쪽의 원소까지 그의 세력을 피곤하게 만든다면 조조도 상당한 고전을 면치 못했을 것이다. 하지만 "원소는 이 말을 듣지 않았다"라고 역사서는 기록한다.

전풍이 다시 간곡하게 건의하자 원소는 오히려 화를 냈고, 그가 병사들의 사기를 꺾는다며 죄를 뒤집어 씌워 옥에 가두었다. 원소가 패배한 후 주변에서는 전풍에게 "당신은 이제 중용될 것이오"라고 하자 전풍은 쓴웃음을 지으며 이렇게 말했다.

"만약 군대가 승리했다면 나는 반드시 목숨을 보존할 수 있었을 것이오. 하지만 지금 그의 군대가 패했으니 나는 반드시 죽을 것이오."

즉 전풍의 말을 따르지 않아 패배했기 때문에 원소의 체면이 완전히 구겨진 것이다. 원소는 그것을 용납할 수 있는 인물이 아니었다. 심지어 다른 모사 봉기는 전풍이 원소군의 패배 소식을 듣고 손뼉을 치며 기뻐했다고 모함했다. 어리석은 원소는 결국 전풍을 죽이고야 말았다. 조조는 전풍이 참전하지 않는다는 말을 듣고 기뻐했고, 오죽하면 "만약 원소가 전풍의 계략을 받아들였다면 승패는 알 수 없었을 것이다"라고 말할 정도였다.

대장부는 벼슬을
신경 쓰지 않는다

《사기》에 나오는 내용이다. 제나라의 유명한 재상 안영의 마부에 대한 이야기이다. 안영은 재상에 오를 정도로 똑똑하고 현명했으며 백성들도 안영의 덕을 칭송했다. 이렇게 훌륭한 안영의 마부는 키가 여덟 척으로 안영보다 풍채가 당당했다.

어느 날 안영이 외출할 때, 마부의 아내가 남편이 일을 잘하는지 궁금해 문틈으로 그를 지켜봤다. 그가 수레의 큰 차양을 받쳐 들고 말 네 필에 채찍질하는 모습이 아주 의기양양해보였다. 그는 만족스러운 표정으로 마차를 몰고 나갔다. 나중에 그가 집에 돌아오자 아내는 갑자기 이혼을 요구했다. 그는 당황하며 그 까닭을 묻자 아내는 이렇게 대답했다.

"안자(안영의 존칭)라는 분은 키가 여섯 척도 채 되지 않는데도 재상이 되어 제후들 사이에서 이름을 널리 떨치고 있습니다. 오늘 제가 그분이 외출하는 모습을 살펴보니 자신을 낮추는 겸손한 태도가 돋보였습니다. 그런데 당신은 키는 팔 척이나 되지만 겨우 마부 노릇을 하면서 의기양양해하고 있습니다. 이것이 바로 제가 당신과 헤어지고 싶은 이유입니다."

정말로 자만한 사람이었다면 아내의 말을 무시하고 화를 냈겠지만, 마부는 아내의 말이 합당하다고 생각해 태도를 바꾸기로 했다. 안자는 마부가 평소와 다르게 공손해져 그 까닭을 물으니 마부는 안자에게 사연을 설명했다. 안자는 마부가 아내의 충고에 귀 기울인 것을 기특하게 여기고 그를 대부로 추천했다. 마부는 겸손의 미덕을 배우고 벼슬도 얻게 되었으니 정말로 아내에게 감사해야 할 일이다. 또한 명예나 허세보다 실리를 추구하는 안영의 자세도 본받을 만하다.

리더는 화려함보다 실리를 추구해야 한다. 그러나 주변에서 띄워 주고 공치사를 늘어놓는 사람도 있을 것이다. 힘이 들어간 어깨로 자신의 명예를 지키기 위해 공적을 자랑하거나 쓸데없는 일을 벌일지도 모른다. 이는 조직이 망하는 지름길이다. 리더는 겉보다 내면을 잘 가꿀 줄 알아야 한다. 주변의 아첨이나 듣기 좋은 말에 보다 의연하게 대응할 필요가 있다. 명예보다는 조직의 영속과 실리를 택하는 것이 리더에게 필요한 자세일 것이다.

어떻게 유혹과 욕망을 다스릴 것인가?

"천하가 아직 안정되지 않았다. 고대의 규정을 따라 장례를 호화롭게 지낼 수는 없을 터이다. 매장이 끝나면 바로 상복을 벗으라. 병사를 통솔하고 수비지에 주둔하는 자는 자리를 떠나지 말거라. 담당 관리는 각자 자신의 직분에 최선을 다하라."

– 220년(65세), 조조가 낙양성에서 붕어할 때

조조는 20년 넘게 전쟁터를 누볐다. 적벽 대전 후 그는 휴식기를 갖고 있었다. 제도를 정비하고, 천하를 다스리기 위해 인재를 널리 뽑았다. 《수경주》에서 묘사한 내용이다.

"동작대는 업의 북서쪽에 위치하며, 높이는 약 10장(33.3미터)이며 100여 칸의 방이 있고 산처럼 높이 솟아 있다."

마침내 그는 원소의 본거지였던 업성 북서쪽에 동작대를 지었다. 황제가 있는 허도는 왠지 마음이 편하지 않아서였다. 그는 이곳에서 신하들과 시를 읊고 연회를 베풀며 그동안 고생한 자신과 부하들에게 상을 줬다. 그도 결국 풍류를 좋아하는 평범한 한 명의 인간이었다.

그 후 금호대와 빙정대가 추가로 건축됐고, 총 세 채의 궁정은 다리로 연결되었다. 이들을 '삼대'라고 불렀다. 요새 기준으로 보면 고급 주상 복합 단지인 셈이다. 세월이 흘러가며 금호대만 남기고 대부분 사라졌다. 다시 복원한 삼대를 보면 웅장하지만 생각만큼 그렇게 화려하지는 않았다.

조조는 최대한 욕망을 절제하도록 노력했다. 그가 제대로 마음먹고 부정부패를 저지르려 했다면 충분히 더 화려하게 궁궐을 만들 수 있었을 것이다. 그는 앞서 둔전제를 시행해 백성들의 민심을 사려 했고, '구현령(求賢令)'을 통해 보다 공정하게 인재를 구하려 했다. 그가 발표한 '술지령(述志令)'도 마찬가지다. 그는 황제가 내리는 봉지를 거절하며 다음과 같이 이야기했다. 《삼국지 강의》에서 기술된 내용이다.

"폐하께서 나에게 내려 주신 봉지는 나에게 꼭 필요한 것은 아니다. 내가 그렇게 많은 땅으로 무엇을 하겠는가? 나는 그래서 사양한다. 요컨대 강호 지역이 아직 평정되지 않았으니 승상의 자리를 사양할 수는 없고, 봉읍에 대해서는 사양할 수 있다."

조조의 절제는 여기서 끝나지 않았다. 그는 원술처럼 황제를 칭할 수 있었다. 원술은 그보다 훨씬 미약한 세력이었음에도 황제를 칭했고, 원소조차도 황제가 되고자 하는 야심을 보였다. 그런데 조조는 황제가 되지 않았다. 나중에 위왕이 되어 새로운 나라를 건국하기 위한 기초를 마련했지만 끝내 황제의 자리를 차지하지 않았다. 그는 신하로서 최소한의 예의를 지키고 싶어 했다. 물론 황제가 되기에 시기가 무르익지 않았다는 냉철한 판단도 있었을 것이다.

조조는 완벽한 인간이 아니라 오히려 불완전한 인간이었다. 리더는 완벽한 사람이 아니다. 자신의 비전과 미션을 위해 최선을 다하고 뛰어난 능력을 보여 주지만 가끔씩 긴장을 풀고 싶은 마음도 들 것이다. 그것은 화려한 삶이 될 수도 있고, 다른 방식으로 인생의 의미를 부여하고 싶을 수도 있다. 이때 중요한 것이 절제다. 욕망을 누르는 것도 의미 있지만, 욕망을 건전하고 의미 있게 푸는 것도 중요하다.

본질과 목적에
집중하라

스티브 잡스는 좋은 동네의 비싼 집에 살았지만 궁궐 같은 집은 아니었다. 개인 운전기사도 없었다. 팀 쿡도 마찬가지다. 그도 좋은 차를 갖고 있지만, 수십 대의 차를 전시해 놓고 기분에 따라 골라 타거나 하지 않는다. 비행기를 수십 대 살 수 있는 능력이 있어도 돈을 함부로 쓰지 않는다. 오히려 기부하는 데 돈을 더 많이 쓸 정도다.

빌 게이츠는 세계에서 가장 부유한 사람이었다. 순자산만 140조 원이 넘을 정도다. 그런데 더 놀라운 것은 누적된 기부액도 42조 원이 넘는다. 그도 화려한 요트가 있고 부자의 삶을 누리고 있지만, 스스로 자제하고 보다 큰 가치를 위해서 돈을 쓰고 있다. 자식들에게는 1,000만 달러, 즉 재산의 0.01%만 물려줄 것이라고 선언한 상태다. 상대적으로 기부에 인색하다고 평가받던 아마존의 창업자 제프 베이조스도 약 165조 원에 달하는 재산 대부분을 기부하겠다고 밝혀 사람들을 놀라게 했다.

검소한 리더들만 있는 것도 아니다. 누구는 화려한 집이 몇 채는 있을 것이고 〈위대한 개츠비〉처럼 매일 밤 파티를 즐길 것이다. 그것은 자신에 대한 보상이자 선물이고 과시욕이다. 하지만 진정 위대한 리더가 되기 위해서는 돈을 잘 쓰는 법도 알아야 한다.

역사적으로 부를 이룬 후 절제하지 못해 망한 사례가 즐비하다. 중국을 처음으로 통일한 진시황제가 대표적이다. 그는 통일 전에는 분별력있던 군주였으나, 통일 후 완전히 다른 사람이 되었다. 그는 함양궁 옆에 아방궁을 지으면서 수많은 백성을 노역에 동원했고, 이민족을 막는다는 이유로 만리장성을 지어 역시 백성들의 원성을 샀다. 진 왕조의 수명은 불과 15년이었다.

삼국을 마침내 통일한 사마의의 손자 사마염도 처음에는 검소했다. 하지만 점차 부패하고 타락하며 결국 조조가 일궈 놓은 삼국 통일 기반을 오래 지키지 못했다. 후한을 종식하는 데 큰 공헌을 한 영제는 또 어떠했는가? 그는 황제임에도 앞장서서 매관매직을 장려해 그 돈으로 화려한 서원을 짓고, 유흥에 모든 힘을 기울였다. 그는 서른 셋의 나이에 죽었다.

조조가 전장을 누비고 허름한 막사에서 대부분 시간을 보낸 것은 인생의 확실한 목표가 있었기 때문일 것이다. 동작대를 짓고 여흥을 즐기면서도 항상 긴장을 놓지 않았고, 멈춰야 할 때를 알았다. 자신이 황제가 될 때가 아니라는 것을 알았으며 아직도 해야 할 일이 남았다는 것도 잘 인지하고 있었다. 그래서 자신이 할 수 있는 범위에서 최대한 절제했다.

리더에게는 많은 유혹이 찾아온다. 특히 부와 명예를 가지면 더 그렇다. 주변에서 유혹이 불나방처럼 몰려든다. 이때 확실한 가치관, 사명, 비전이 없다면 누구든지 무너지기 쉽다. 더 많은 부와 명예가 다가올수록 경계하는 마음이 필요하다. 언제 어디서든 침착하고 긴장할 수 있도록 마음에 일침을 놓는 문구를 사무실이나 집에 적어 두고 매일 되새기며 살아가는 것도 좋은 방법이다.

인간의 소유 욕구는 선천적이다. 문제는 욕구가 너무 과할 때다. 적당히 욕구를 충족시키는 행위는 필요하지만, 그것이 도를 넘어설 때 문제가 된다. 나의 소유욕에만 충실하다 보면 폭주하는 기관차가 되기 쉽다. 더 많은 것을 소유하기 위해 욕심을 부리게 되고, 진정한 삶의 목적을 잃게 된다.

노자는 《도덕경》에서 "시이성인위복불위목(是以聖人爲腹不爲目)"이라고 했다. '성인은 배부름 같은 소박한 것을 위하고, 눈으로 느끼는 즐거움을 위하지 않는다'는 뜻이다. 더불어 노자는 다섯 가지 색깔이 눈을 멀게 하고, 다섯 가지 소리가 귀를 멀게 하고, 다섯 가지 맛이 맛을 상하게 만든다고 했다. 우리의 오감을 즐겁게 하는 것에 몰두하다 보면 인간으로서 추구해야 할 본질을 잃게 된다는 것이다.

리더는 극단적인 감각이 아닌 중용의 도에 맞는 가치를 추구해야 한다. 적당히 즐기고, 다시 목표로 돌아와 집중할 줄 알아야 한다. 아무리 부를 축적하더라도 초심을 잊지 말아야 한다. 이 또한 나의 것이 아니라 생각하며 받은 만큼 돌려 주어야 한다. 이런 소박한 마음가짐은 리더에게 꼭 필요한 조건이다.

제14강

몸집이 커도
틈은 있기 마련이다

"아직 때가 아니오."

– 200년(45세), 원소의 맹장 문추의 기병대가 조조군을 추격할 때

살다 보면 나와 비슷하거나 나보다 못한 능력의 사람들을 만날 때
도 있지만 반대의 경우가 오히려 더 많을 것이다. 그렇다면 어떻게
치열한 경쟁에서 나를 차별화 할 수 있을까?

원소의 벽은 높았다. 조조는 원소를 넘어야 진정으로 패권을 잡을
수 있었기 때문에 원소는 라이벌이면서 극복해야 할 가장 큰 대상이
었다. 하지만 조조는 원소의 그릇을 진작 알아보았다. 그가 완성의
장수와 형주의 유표를 공략하려 할 때 조조의 부하들은 조조가 없는

틈을 타 원소가 허도를 공격할 것으로 우려했다. 그때 그는 다음과 같이 이야기했다.

"나는 원소라는 인물을 잘 알고 있소. 뜻은 원대하나 지혜가 부족하고, 겉으로는 엄숙한 척하지만 속으로는 겁이 많소. 시기도 많고 인정이 없소. 비록 토지는 넓고 양식은 풍부하지만 내게는 그저 앞으로 차지할 제물에 불과하오."

마침내 조조는 후환거리였던 장수의 항복을 받아들였다. 아들과 조카를 죽인 원수였지만, 그것보다 원소와의 전쟁이 더 중요했다. 장수가 감격했음은 두말할 나위 없었다.

199년, 조조는 관도에 진을 쳤다. 원술을 처단하겠다는 핑계를 대고 도망간 유비를 다시 공격했고, 유비는 원소에게 달아났다. 관우는 서주의 하비에 남아 있었으나 유비의 가족을 안전하게 모시기 위해 조조에게 조건부로 투항했다. 만약 유비가 살아 있다면 다시 유비에게 돌아가겠다는 것이었다. 그는 잠시 고민이 되었지만, 원소와 맞서 싸우기 위해 용맹한 장수가 하나라도 더 필요했기 때문에 관우의 투항을 받아들였다.

그는 원소의 대군이 내려오는 것을 보고 직접적인 교전은 피하며 오히려 백마 지역을 급습했다. 관우와 여포의 휘하에 있다가 투항한 장료를 선봉 삼아 원소의 군대를 무찌르고 맹장 중 한 명인 안량을 죽였다. 하지만 원소가 대군을 이끌고 황하를 건넌 후, 또 다른 맹장인 문추가 유비와 5,000명의 기병을 이끌고 맹추격하고 있었다. 겁을 먹은 부하들은 후퇴해 진영을 지키자고 했다. 정찰병은 "기병의 수가 점점 늘고 있고, 보병도 무수히 많습니다"라고 수시로 보고했다. 그러나 조조는 냉철함을 유지했다.

"아직 때가 아니다. 다시 보고할 필요 없다."

그리고 이렇게 대꾸했다.

"적을 유인하는데 어찌 철수를 한단 말인가?"

이때 조조는 말을 놓아 주고, 귀중품을 실은 짐을 육로에 놔두었다. 문추의 병사들은 길가에 놓여 있던 물건들을 차지하기 위해 말에서 내려 어지러워졌다. 이때를 놓칠 그가 아니었다.

"공격하라!"

조조는 겨우 600명의 기병으로 문추의 기병들을 무찌르고, 문추도 베었다. 결국 나보다 강한 상대를 만날 때는 서로의 능력을 정확하게 인지하고 틈새를 파고 들어야 한다. 오히려 자신의 세력을 믿고 섣부르게 달려든 원소는 패배했다.

사실 원소가 백마 지역에 안량을 보내려고 했을 때 그의 모사 저수는 안량의 성격이 조급하기 때문에 혼자서 그 책무를 감당할 수 없을 것이라고 경고했다. 하지만 원소는 그의 간언을 듣지 않았고 저수의 예상대로 안량은 허무하게 조조군에게 패해 죽었다. 문추가 조조의 뛰어난 용병술에 당해 죽었을 때 저수는 한 번 더 간언했다.

"주군, 남쪽 군대는 빠른 싸움에 익숙하지만 북쪽 군대는 오랜 싸움에 적합합니다. 지구전으로 시간을 끌어야 합니다."

하지만 원소는 한 번 더 그의 말을 무시하고 바로 조조에게 덤벼들었다. 만약 원소가 저수의 말대로 황하 이북을 중심으로 철옹성을 구축했다면 조조군은 제풀에 지쳐 쓰러졌을 수도 있다. 오히려 조조 세력의 내분을 이용한 틈을 찾았다면 역사는 다르게 쓰였을 것이다.

때를 기다리고 틈을 파고드는 여유가 필요할 때

전국 시대 철학자 한비자가 저술한 《한비자》의 〈유도〉 편에는 이런 구절이 있다.

"나라는 영원히 강할 수 없고, 또한 영원히 허약할 수도 없다. 법을 받드는 자가 강하면 나라는 강성해지고, 법을 받드는 자가 약하면 나라도 약해질 수밖에 없다."

이어서 이 고대의 철학자는 대표적인 예시를 들었다. 26개의 나라를 병합한 초나라 장왕은 영토를 3,000여 리나 확장했으나 그가 죽은 뒤 나라를 보존하지 못했다. 제나라 환공도 30여 나라를 병합해 역시 3,000여 리에 달하는 영토를 넓혔으나 그가 죽은 뒤 역시 나라를 보존하지 못했다. 연나라 소왕과 위나라 안리왕도 한때 나라를 강성하게 만들었으나, 그들의 사후 법도가 무너지고 나니 혼란스럽고 쇠약해지고야 말았다. 한비자 사후에도 이 법칙은 유효했다. 진시황이 전국을 통일했지만 역시 그가 죽자 법도가 무너지며 통일 왕조는 급격하게 쇠락했다.

〈대학 전쟁〉이라는 프로그램에는 똑똑한 대학생들이 많이 출연한다. 그중에는 천재라고 불릴 만한 친구들도 있다. 그런데 꼭 천재가 게임에서 이기는 것은 아니다. 상대가 아무리 드림팀이라고 하더라도 무너질 수 있다는 것을 인지하고, 빈틈을 노려 실력을 극대화하면 상황을 뒤집을 수 있다. 리더가 빠른 판단력으로 팀원들의 장점을 부각하고 효율적으로 플레이한 팀이 승리를 가져간 것이다.

당시로 다시 한 번 돌아가 보자. 조조가 안량의 군대를 기습적으로 무찔렀지만, 이후 문추의 대군이 먼지를 일으키며 몰려왔다. 적의 기병이 10배는 많았다. 부하들은 퇴각하고 진지를 지키자 했지만 그는 전혀 주눅 들지 않고 오히려 "아직 때가 아니다"라며 의연하게 답했다. 그는 문추의 군대가 용맹하기는 하지만 기강이 바로 잡히지는 않은 점을 노렸다. 그는 예상대로 문추의 기병들이 널려 있는 전리품을 수습하려고 흐트러졌을 때 그 틈을 노렸다. 자신의 능력을 정확하게 인지해 최적의 해결책을 찾고, 틈을 파고든 결과였다.

비즈니스 세계는 냉철하기 그지없다. 자영업을 하든 회사를 다니든 어떤 일을 하든 무한 경쟁에 시달릴 수밖에 없다. 우리는 언제든지 안량과 문추를 만날 수 있다. 이때 리더로서 강한 경쟁자를 만나더라도 너무 주눅들 필요는 없다. 리더가 강자 앞에서 흔들리면 구성원들도 마찬가지일 것이다. 아무리 속으로 걱정이 들고 두렵더라도 적어도 겉으로는 태연함과 의연함을 유지해야 한다. 역사가 증명했듯 영원한 강자는 없기 때문이다. 조직의 능력을 정확하게 인지하는 자세가 필요하고, 그 안에서 최선의 대안을 찾고 틈을 노려야 한다.

제3편

귀중한 것일수록
내 것으로 만든다

: 사람을 얻고 쓰고 남기는 조조의 용인술

병사 없는 장수를
장수라 할 수 있는가?

"내가 비록 맏아들 앙과 조카 안민(安民)을 잃었지만, 그 슬픔보
다 더 큰 것은 전위를 잃은 것이다."

– 198년(43세), 장수의 반란 후 다시 공격하기 전 제사를 지낼 때

팔로워라는 말이 지금만큼 익숙한 적이 없다. 대표적인 소셜 네트
워크 서비스 인스타그램에는 수많은 팔로워가 있다. 이들 중 나에게
관심을 갖는 사람들은 대략 20%(팔레토의 법칙)이고, 나를 믿고 따
르는 비중은 5% 미만일 것이다. 너무 적다고 생각하는가? 그러나 그
유명한 애플도 충성 고객의 비중이 4.4%에 불과하다고 한다.

비율을 떠나 단 한 명이라도 나를 믿고 따르는 팔로워가 있다는 것

자체가 중요하다. 애플 제품에 대한 충성 고객의 힘은 무서울 정도다. 이들은 애플과 생사영욕을 같이하며, 애플이 1997년 부도의 위기에 처했을 때도 옆에서 지지했다. 아이팟, 아이폰, 아이패드, 애플워치, 에어팟 등 신제품이 나올 때마다 애플 스토어 앞은 밤을 새워서라도 제품을 구입하려는 사람들로 인산인해였다.

그렇다면 조조는 어떻게 사람들의 마음을 얻을 수 있었을까? 그에게 자산이 된 것은 초창기에 합류한 청주병과 그들의 가족이었다. 이들은 100만 대군과 마찬가지였다.

사람을 모았으니 이제 필요한 것은 자원이었다. 기업이 성장하기 위해서는 돈이 필요하다. 돈을 벌고, 번 돈을 재투자해 회사를 확장해야 한다. 조조는 식량을 통해 이를 해결했다. 수많은 전쟁이 자금력에 좌우되었듯 당시에도 식량이 무엇보다 중요했다. 굶주린 백성이 서로를 잡아먹는 지경에 이르렀을 정도로 당시 식량 사정은 좋지 않았다. 심지어 연주에서 반란이 일어났을 때 참모 정욱은 성을 방어하며 식량이 부족하자 적군의 시신으로 육포를 만들었을 정도였다. 그만큼 식량 부족이 심각했다.

조조는 조지와 한호의 조언을 따라 둔전제를 본격적으로 시행했다. 둔전제는 병사가 경작을 하게 만들어 군대가 자급자족하는 제도다. 청주병과 그의 식구들은 황무지를 개간하고 군대의 식량도 확보했다. 병사들의 가족도 먹고살 걱정이 없어졌다. 파격적으로 낮은 조세를 부과해 경작을 늘렸다.

이를 통해 조조의 세력은 본격적으로 성장할 기틀을 마련했다. 그는 병사와 백성들에게 식량을 공급함으로써 그들의 마음을 샀다. 군대를 유지하기 위한 곡식까지 얻었으니 그야말로 일석이조다. 마음과 물질을 모두 얻은 것이다.

게다가 조조는 장수와의 싸움에서 아들과 조카를 잃었지만, 호위무사 전위가 죽은 것을 더 안타까워했다. 그는 부하들을 데리고 제사를 지내며 통곡했다.

"내가 비록 맏아들 앙과 조카 안민을 잃었지만, 그 슬픔보다 더 큰 것은 전위를 잃은 것이다. 지금 내가 통곡하는 것은 오직 전위를 위해서다. 전위여, 나의 전위여!"

비록 조조의 마음속에는 아들 앙을 잃은 슬픔이 더 컸겠지만, 그는 리더로서 부하들의 마음을 달래야 했다. 그래서 전위의 소중함을 강조한 것이다. 곁에 있던 부하 장수와 병졸들도 같이 눈물을 흘릴 수밖에 없었을 것이다. 그러면서 다시 한 번 조 씨 가문에 대한 충성을 맹세했을 것이다.

진솔한 호소가
상대의 마음을 흔든다

실리콘밸리의 전설적인 투자자 벤 호로위츠는 무려 600곳 이상의 기업에 투자해 왔다. 그가 세운 옵스웨어는 2007년 16억 달러에 HP에 매각되기도 했다. 성공한 기업가이자 투자자인 그는 "비즈니스 세

계에 공식 같은 건 없다"라고 역설했다. 그가 지은 책의 제목도 《하드
씽(Hard Thing)》이다.

그는 말 그대로 궁지에 몰린 적이 있다. 회사의 현금은 고갈되고 투
자자들은 버블 이후로 투자를 꺼렸다. 2000년 나스닥 지수는 3월 10일
5,048.62로 정점을 찍은 후 1,200선 밑으로 떨어졌다. 많은 투자자가
돈을 잃고 말았다. 그는 477명의 직원과 시한폭탄 같은 사업체를 끌
어안고 있었다. 이후 2001년 9월 11일 테러까지 발생하며 투자 시장
은 더 경직되었다. 그야말로 전시와 다름없었다. 리더의 결정에 따라
회사는 살 수도 죽을 수도 있었다.

그는 이 상황을 어떻게 타개했을까? 우선 빌 캠벨이라는 실리콘 밸리
의 전설적인 멘토로부터 충고를 들었다. 캠벨도 이미 과거에 CEO로 있
었던 회사를 파산시킨 경험이 있었기 때문이다. 그는 호로위츠에게
직원들이 한시라도 빨리 그들의 입장을 정리할 수 있게 해 줘야 한다
고 충고했다. 그는 80명의 직원들을 데리고 모텔에서 1박 2일로 숙식
하며 상황을 설명했다. 떠날 사람은 떠나도록 배려했다. 두 명을 제
외한 나머지 직원들은 그와 함께하기로 했다.

그는 남은 직원들의 신임을 얻었다. 그러면서 신규 소프트웨어 개
발에 올인하며 직원들에게 6개월간 모든 것을 바쳐 달라고 부탁했
다. 직원들은 매일 야근을 하며 모든 것을 불살랐다. 한 엔지니어는
이때를 행복한 순간 중 하나였다고 회상하기도 했다. 호로위츠는 당
시 직원들에게 미안한 마음을 갖고 있었지만 직원들은 리더를 믿고
따랐을 뿐이다. 리더의 솔직함 덕분이었다.

이는 회사를 경영하는 사람들이 배워야 할 점이다. 아무리 회사가

어렵고 심지어 파산하는 지경에 이르더라도 그동안 일한 직원에 대한 배려가 필요하다. 코로나 19로 경영이 어려워져 직원들을 해고할 수밖에 없었던 숙박 공유 서비스 업체인 에어비앤비의 일화가 화제가 되었다. CEO는 직원들에게 사과의 편지를 보내고 다른 회사에서 일할 수 있도록 추천서를 써주기로 했다.

반면 차량 공유 서비스 업체인 우버는 전 직원의 25%에게 일방적인 해고 통보만 했다. 당연히 직원들은 회사에 대해 안 좋은 기억을 갖게 되고, 이는 회사의 평판에도 악영향을 미친다.

사람들의 마음을 얻는 방법은 의외로 간단하다. 바로 진심이다. 진실함이 전달된다면 구성원들은 아무리 험하고 어려운 고통이라도 리더와 함께한다. 하나로 뭉친 조직은 그 어떤 고난도 뚫고 나갈 저력이 생긴다.

이제는 전설처럼 된 2002년 월드컵 4강 신화도 이와 같다. 절대로 이길 수 없을 것처럼 보이던 강적들을 차례로 물리친 것도 히딩크 감독이 선수들과 하나되어 불가능에 도전했기 때문이다. 월드컵 승리라는 간절한 마음과 능력 있는 선수들을 우대하고 기용한 감독의 진심이 느껴졌기 때문에 다들 최선을 다할 수 있었다.

내가 거짓된 마음을 갖고 있다면 결국 사람들은 알아챌 수밖에 없다. 우리 주변에 그러한 리더들을 많이 봤을 것이다. 다른 사람들은 위선을 인지하고 있지만 정작 본인은 그것을 눈치채지 못한다. 두 손으로 하늘을 가리는 격이다. 반면 내가 진실된 마음을 갖고 사리사욕이 아니라 다른 사람들의 꿈과 행복을 지지한다면 사람들은 따를 수밖에 없다.

사람을 잡아야 승세를 잡는다

"강태공처럼 위수의 물가에서 낚시질이나 일삼는 자가 어찌하여 없겠는가? 형수와 사통하고 뇌물을 받았다는 누명을 쓰는 바람에 위무자의 추천을 받지 못한 진평 같은 사람이 또 어찌하여 없겠는가?"

– 210년(55세), 적벽 대전 패전 후 군대가 휴식을 취하게 하고 병사와 가족들을 위로할 때

AI 시대가 도래하며 많은 일자리가 사라질 것이라는 우려가 있다. 실제로 일부 IT 기업에서는 AI로 대체 가능한 부분은 효율화를 진행하며 해고를 단행하기도 했다. 하지만 갈수록 지역별, 분야별로 인력

난이 심각해지고 있다. 숙련된 노동력이 필요한 곳에서는 더욱 그럴 것이다. 의료계와 조선 업계, 반도체 업계 등 인력난은 더 이상 새로운 이야기가 아니다. 반도체만 하더라도 2031년에는 무려 5만 명 이상이 부족하다는 통계가 나왔다. 국내로만 한해서다. 이는 미국, 대만 등 전 세계적으로 동일한 현상이다.

도겸, 여포, 원술, 원소, 유표, 공손찬 등 중원을 주름잡던 군웅들이 몰락하고 조조, 유비, 손권이 삼국을 정립했다. 어째서 이들보다 앞선 군사력을 보유하고 개인적인 능력도 부족하지 않았던 세력들은 몰락하고, 그보다 못한 세력들이 살아남았을까?

원소의 휘하에는 전풍, 저수, 봉기, 심배, 곽도 같은 훌륭한 모사들뿐 아니라 장합, 고람, 순우경, 안량, 문추 등 용맹한 장수도 많았다. 더군다나 훗날 조조의 오른팔이 되는 순욱, 조조가 제일 아끼던 모사 곽가, 그에게 관도 대전의 승리를 안겨 준 허유, 용맹한 장수 장합, 고순, 주령 등은 모두 원소의 휘하에서 조조에게로 귀순했다. 심지어 조조도 원소에게 의탁했고, 유비도 조조를 피해 원소에게 몸을 맡긴 적이 있었다. 원소는 이 두 명의 잠룡을 수하에 거느릴 정도로 카리스마가 있고 세력이 강대했다. 그가 강성한 시절 부하들은 조조와 유비를 훨씬 능가했다. 하지만 그들은 원소를 떠났다. 왜일까?

원소가 우유부단했다는 지적도 있지만, 부하를 소중히 하는 마음이 없었기 때문이 컸을 것이다. 이는 지식이 아닌 인성의 문제다. 그는 부하들과 병사들이 굶어 죽든 말든 신경 쓰지 않고 자신의 배만 채우기에 바빴다. 결국 군사들은 모두 뿔뿔이 흩어졌다.

두 형제가 손을 잡았다면 세상의 혼란을 금방 잠재울 수 있었을 것이다. 조조와 유비가 세력을 키울 틈조차 없었을 것이다. 하지만 이들은 명문가의 자제로 떠받들어 자랐기 때문에 자존심과 공명심이 무척 강했다.

조조도 마찬가지로 아버지 조숭 덕분에 유복하게 살았지만, 그는 환관의 손자라는 신분 때문에 귀족 자제 중에서도 소외받는 축에 속했고, 자연스럽게 백성들의 애환을 더 잘 이해할 수 있었다. 유비도 마찬가지였다. 그는 황제의 후손임에도 일반 백성보다 못한 삶을 살았기 때문에 헝그리 정신이 강했다. 그것은 결국 사람에 대한 소중한 마음으로 이어졌다.

조조는 순욱이 왔을 때 "나의 장자방이 왔구나"라며 크게 기뻐했다. 여기서 자방은 한나라의 시조 유방을 도운 건국 공신인 장량을 일컫는다. 자신을 한나라의 시조로 비유함으로써 이는 역모의 시그널이 될 수도 있었지만, 그만큼 그가 기뻐했음을 알 수 있다.

특히 조조는 구현령을 통해 능력과 재능 위주의 적극적인 인사 정책을 펼쳤다. 능력이 있으면 어느 정도 흠이 있더라도 용인했다. 대표적으로 조홍과 곽가가 그랬다. 이들은 자신들의 부를 축적하는 데 관심을 기울여 다른 신하들에게 탄핵을 받기도 했다. 조홍은 조조의 목숨을 구했을 뿐만 아니라 수많은 전쟁에서 공적을 세웠다. 곽가도 마찬가지였다. 그는 중요한 순간 결정적인 조언을 했다. 조조가 끊임없이 전쟁을 치르면서도 세력을 유지할 수 있었던 이유다.

물론 순욱이나 순유처럼 성품이 고결했다면 더는 바랄 것이 없었을 것이다. 하지만 인재가 부족한 시대에서 다른 이들에게 큰 피해를 입히지 않는다면 실력을 우선시하는 것이 조조의 인재 등용책이었다. 이들은 조조의 넓은 아량에 감사하며 뼈가 빠지도록 일했다. 곽가는 치열한 전투 현장을 따라다니며 군사 순유와 함께 묘책을 제시해 승리를 이끌었다.

하지만 곽가는 무리하게 일을 하다 타지에서 병에 걸려 죽고 말았다. 조조는 죽음에 진심으로 애통해하며 그의 부재를 아쉬워했다. 이 차세대 모사가 오랫동안 살았다면 조조 생전 천하 통일도 꿈은 아니었을 것이다.

유비는 자신이 신임한 신하를 끝까지 믿고 갔다. 물론 다른 군웅들에 비해 인재가 부족해 그럴 수밖에 없었을지도 모른다. 하지만 유비는 자신의 핵심 수하에 의형제를 두었기 때문에, 인재 운용에 한계를 보였다. 그는 이후 형주의 일부와 익주를 모두 통치하게 되었지만, 이릉 대전의 실패도 인재 자원의 한계에서 기인했다.

제갈량은 천하의 흐름을 읽는 것에는 능했지만, 세부 군사 전략에서는 조조의 다른 책사들과 비교해 엄청난 우위에 있지는 않았다. 물론 제갈량의 뛰어난 외교술과 전략 덕분에 유비가 천하삼분지계를 완성할 수 있었음은 사실이다. 하지만 이후 제갈량이 수없이 북벌을 나서면서도 성공하지 못한 것은 인재가 부족했기 때문이었다. 그나마 법정이 뛰어난 군사였지만, 그도 요절하며 부족한 인재가 더 부족하게 되었다. 제갈량이 과로사로 죽은 것도 우연은 아니다. 그의 라이벌로 불리던 사마의는 이러한 문제점을 정확하게 짚어 무리하게 전쟁을 하지 않고 장기전을 택했다. 물론 국력의 차이에서 오는 힘의 불균형도 있었겠지만 말이다. 사마의의 판단은 현명했다.

사소하게 욕심 부리는 사람을
꺼리지 마라

유방이 한나라를 세우는 데 가장 큰 공을 세운 인물은 소하, 장량, 한신 세 명이다. 하지만 이들은 대외적으로 드러난 인물이고, 유방의 속마음을 깊이 이해하고, 다양한 책략을 구사한 사람은 바로 진평이라는 인물이다.

그는 본래 위국 사람이었다가 항우 밑에서 일하게 됐다. 하지만 나중에 항우에게 책망을 듣고 목숨이 위태롭게 되자 유방에게 귀의했다. 당초 유방은 글 꽤나 읽은 진평이 그다지 마음에 들지 않았다. 그를 고리타분한 식자층 중 한 명이라고 생각했다.

하지만 진평은 단순히 글만 많이 읽은 학자가 아니었다. 그는 사람들의 심리를 꿰뚫어 보는 고도의 지혜를 갖고 있었다. 그의 특기는 이간계였다. 상대가 서로 싸우게 만드는 술책인데, 항우가 모사인 범증을 의심해 그가 떠나도록 만들게 한 중요한 역할을 했다. 후대에는 가후가 그처럼 이간계를 사용해 마초와 한수가 서로 싸우게 만들기도 했다.

진평은 유방 사후 부인인 여 씨 일족이 득세하며 유 씨 세력을 몰아내려고 했을 때 이들을 지켜 내고 오히려 복권할 수 있도록 했다. 겉으로는 여황후에게 충성을 다하면서 속으로는 유 씨를 돕기 위해서 계책을 냈던 것이다. 후대에 조조가 진평을 언급한 이유가 이와 같다. 진평은 이러한 뛰어난 능력에도 뇌물을 받고, 형수와 사통했다는 소문이 있었다. 오죽하면 유방도 진평을 추천한 위무자를 불러 이를 따지기도 했다. 그러자 위무자는 이렇게 답했다.

"신이 진평을 천거한 것은 그의 능력 때문입니다. 왕께서는 그의 행실을 묻고 있습니다. 우선 능력을 시험한 후에 조사해 보시고, 책임을 물으시면 될 겁니다."

조조는 사람을 좋아하고 아꼈다. 똑똑한 문인, 병법가와 행정가를 높게 평가하고, 용맹한 장수들을 소중히 대했다. 자연스레 많은 인재가 그를 찾아갔다. 또 능력을 우선시했다. 조직에 큰 문제를 일으키지 않는 이상 행실은 덮어 주려 했다. 반면 제갈량은 선비와 같은 자질을 더 중요시했다. 고도의 도덕성을 요구하다 보니 이를 통과하는 인재가 많지 않았다.

리더는 사람의 능력을 제대로 파악해야 한다. 그렇다고 부도덕한 사람을 활용하라는 의미는 아니지만, 자칫 선입견에 빠져 도덕적으로 훌륭하고 바른 사람으로 기준을 잡는다면 막상 능력이 못 미칠 수도 있다. 리더는 균형 있게 능력을 파악할 필요가 있다. 인성과 능력을 겸비한 완벽한 사람이라면 더할 나위 없겠지만 그런 사람은 찾기 쉽지 않다.

결정까지 맡길 수 있는
참모를 두어라

"나 조조는 원소를 꺾지 못한다면 결코 허도로 돌아가지 않을 것
이다. 모든 장졸은 죽기를 각오하고 싸워 각자가 맡은 곳을 지켜
야 한다!"
- 200년(45세), 관도 대전 중 모사 순욱으로부터 격려의 편지를
받은 후

사회생활에서 가장 중요한 것은 나만의 정신적 지지자를 찾는 것
이다. 이는 가족, 친구, 동료 등 다양하다. 우리는 어려운 일이 발생했
을 때 의논하고 조언을 들을 수 있는 대상이 필요하다. 리더라면 더
욱 그렇다. 리더는 외로운 존재다. 혼자서 많은 것을 결정하고 책임

저야 한다. 하지만 모든 것을 혼자 끌어안을 필요는 없다. 조언을 구하는 자세도 필요하다.

조조도 수없이 많은 결정을 내리고 책임을 지는 자리에 있었다. 약 100년간 지속된 삼국 시대에는 전쟁만도 100여 회가 넘었다고 역사가들은 밝힌다. 한 번의 전쟁에도 많은 고민이 필요했을 텐데 그는 수시로 발생하는 전쟁을 어떻게 대처했을까? 더군다나 이것은 이념이나 경제 전쟁이 아닌 '실제' 전쟁이었다. 리더의 판단에 구성원들의 존망이 달려 있었다.

조조가 참여한 대표적인 전쟁은 원소와의 관도 대전, 유비, 손권과의 적벽 대전, 유비와의 한중 지역 쟁탈전이다. 그는 직접 전장에 참여했기 때문에 생사를 넘나드는 일을 많이 경험했다. 특히 관도 대전은 그에게 큰 어려움을 안겼다. 시작부터 불리한 전쟁이었기 때문이다. 그는 어떻게 고민과 문제를 해결했을까?

200년, 조조의 나이 45세. 운명을 결정할 해가 찾아왔다. 라이벌들을 하나씩 무찌르고 중원을 차지하며 하북의 거대한 군벌인 원소와 맞서 싸울 준비가 되었다. 그의 군대는 규모 면에서 열세였다. 소설은 원소군과 조조군의 병사 규모가 70만 명 대 7만 명이라고 과장해서 표현했다. 하지만 후대 역사학자들은 대략 10만 명 대 5만 명 정도로 예상했다. 비록 차이는 줄었지만 역시 병력의 규모가 2배가량 차이가 났다.

이러한 차이를 알고 있었기 때문에 그는 전투 전에 충분한 준비를 마쳤고, 유비를 먼저 공격해 후방의 기습을 대비했다. 유비는 원소에게 피신하고 조조는 오갈 데 없는 유비의 동생 관우를 같은 편으로 받아들였다.

관도 대전의 시작이라고 할 수 있는 백마 전투에서 조조군은 기습 공격을 했다. 관우는 원소의 맹장 안량과 문추를 죽였다. 원소의 원투 펀치라고 할 수 있는 두 명의 맹장이 죽자 조조군의 사기가 올랐다. 하지만 원소군에는 여전히 많은 병사와 장수 그리고 뛰어난 참모들이 있었다.

원소군은 수십 리에 걸쳐 진을 쳤고 이에 질세라 조조군도 적극적인 공세를 펼쳤다. 하지만 참패였다. 기습 공격이 늘 효과적인 것은 아니기 때문이다. 조조군 열에 두셋은 부상을 당했다. 조조는 자신의 무모함을 깨닫고 장기 농성전에 대비했다.

시간이 지날수록 상황이 불리하게 돌아갔다. 승부를 빨리 결정짓지 못하자 근거지 예주의 대부분 현에서 반란이 일어났다. 엎친 데 덮친 격으로 식량도 부족했다. 더군다나 원소군은 조조군의 진영 앞에 토산을 세우고 망루에 올라 화살을 쏘아 댔는데, 소나기처럼 쏟아지는 화살을 피하기 위해 진영 안에서도 방패를 들고 다녀야 했다.

총체적 난국 속 결단이 필요했다. 조조는 마음속으로 퇴각을 염두에 두고 마지막으로 허도에 있는 핵심 참모인 순욱에게 서신을 보냈다. 아무래도 전장에서 멀리 떨어져 있는 사람의 객관적인 의견을 듣고 싶었을 것이다. 마음속으로는 순욱이 퇴각의 명분을 만들어 주기를 바랐을지도 모른다. 하지만 순욱은 조조의 기를 살려 주며 희망을 전했다.

"원소의 무리가 많다고는 하나, 그는 사람을 제대로 쓸 줄 모르는 소인배입니다. 반면 공은 명철한 두뇌와 뛰어난 판단력으로 이기지 못할 이유가 없습니다. 원소의 세력은 오래가지 못할 것이기 때문에 반드시 변화가 있을 것이고, 그때가 바로 기회이니 놓쳐서는 안 됩니다."

조조는 참모의 조언을 듣고 때를 기다리기로 했다. 이번 전쟁이 자신의 운명을 결정할 것임을 알았기 때문이다. 만약 퇴각한다면 이미 그가 점령했던 지역에서도 반란이 일어날 것이며, 그에게 불만을 품기 시작한 황제와 충복들도 위험 요소였다. 그야말로 사면초가였다. 이때 그가 조바심을 참지 못해 원소군을 공격했다면 그의 군대는 더 빠르게 수명이 다했을 것이다.

이는 마치 8년 뒤 벌어진 적벽 대전에서 제갈량이 동남풍을 기다린 것과 마찬가지였다. 유비와 손권의 연합군도 조조의 대군을 맞아 화공을 위한 동남풍과 선두에서 화선을 몰고 갈 장수가 필요했다. 그들이 만약 무리하게 조조군을 공격했거나 후퇴했다면 위, 촉, 오의 삼국시대는 애초부터 존재하지 않았을 것이다.

관도 대전의 극적인 승리는 순욱의 역할이 컸다. 그가 허도에서 든든하게 버텨 주고 식량을 보급하며 격려해줬기 때문에 조조는 용기를 낼 수 있었다. 그는 이뿐만 아니라 조홍, 조인, 하후돈, 하후연 등 친인척에게도 많은 도움을 받았다. 비록 요절했지만 곽가, 새로 영입한 우금, 악진, 장료, 서황, 장합 등의 장수도 마찬가지였다. 그는 마침내 용기를 얻고 원소를 꺾을 때까지는 결코 물러나지 않겠다고 부하들에게 다짐했다. 리더의 강한 의지에 부하들도 용기백배하여 원소군과 맞설 수 있었다. 그만큼 리더에게는 정신적인 지지와 지원이 필요하다.

고독과 독선은
다르다

어떤 부자는 "많은 사람을 위해 도움을 주는 데서 인생의 보람을 느 낀다"라고 말했다. 누군가 그에게 부자가 되고 싶은 사람에게 남기고 싶은 조언이 무엇인지 질문하자 그는 대답했다.

"우선 부자로서 책임을 생각하고, 그것을 감내할 수 있는지를 먼저 스스로에게 질문해야 합니다"

덧붙여 멘토에게 더 많이 배우고 식견을 넓히라는 조언도 아끼지 않았다.

리더는 완벽할 수 없다. 최선을 다하는 자세는 필요하지만 누구나 실수를 한다. 그러니 솔직하게 조언을 구해도 좋다. 자존심 때문에 솔직하게 이야기하지 않으면 괴로운 건 리더의 몫이다.

"이런 문제가 있고, 해결책이 마땅히 없는데 어떻게 하면 좋을까요?"

솔직하게 자신의 처지를 이야기하고 의견을 구한다면 누구라도 도 와주지 않을 리가 없다. 나도 힘든 결정을 해야 하거나 어려움이 있을 때면 주변 선배나 후배, 동료에게 자주 도움을 청한다. 이들이 나에게 든든한 지지자가 되어 줄 것이라는 믿음이 있기 때문이다.

리더와 직원은 같은 비전과 미션을 공유해야 한다. 유대 관계가 강할수록 큰 힘이 되고 시너지가 된다. 물론 나도 그들의 지지자가 되어야 한다. 진심을 다해 상대를 대한다면 리더의 자리가 고독하거나 외롭지만은 않을 것이다. 리더는 결코 혼자가 아니다.

썼으면 의심하지 말고 의심스러우면 쓰지 마라

"천하가 아직 평정되지 않았으므로, 나는 현명한 신하들과 함께 이를 평정해야 할 것이다."
– 207년(52세), 조조가 오환족과 원소의 조카 고간을 정복한 후

"장수란 지혜, 신뢰, 인애, 용기, 위엄을 갖추어야 한다."

《손자병법》의 〈시계〉 편에 나오는 말이다. 장수가 갖춰야 할 다섯 가지 덕목을 잘 설명한다. 이는 현대의 리더에게도 그대로 적용된다. 리더는 당연히 지혜와 용기, 위엄을 갖추어야 한다. 이것이 능력과 이성적인 부분이라고 한다면, 신뢰와 인애는 감성적인 부분이다.

리더에게 감성은 꼭 필요하다. 부하들을 사랑하는 마음인 인이 대표적이다. 인을 바탕으로 서로 간에 믿음인 '신(信)'이 형성된다. 리더와 구성원 간에 믿음이 생기면 그 어떤 어려움도 헤쳐 나갈 수 있다. 이는 수많은 역사와 사례를 통해서 증명되었다.

관도 대전을 원소의 입장에서 한 번 복기해 보자. 원소는 관도 대전 이전 유비를 먼저 정리하려던 조조의 군대를 후미에서 공격할 수 있었지만 아들이 아프다는 핑계로 이를 시행하지 않았다. 모사 전풍은 땅을 치고 안타까워했다. 결국 조조는 유비를 격파했고 유비는 원소에게 도망쳤다.

관도 대전의 시작이라고 할 수 있는 백마 전투에서 원소는 안량을 선봉대로 보내려고 했다. 이때 저수는 원소에게 또 한 번 이렇게 간했다.

"안량은 성격이 급하고 도량이 좁습니다. 용맹하기는 하지만 혼자서 중임을 맡을 수 없습니다."

원소는 저수의 말을 듣지 않고 안량을 보냈지만 조조는 그를 무찌르고 목을 베었다. 이번에는 유비와 문추를 보냈는데, 그는 다시 이들을 무찌르고 문추를 제거했다. 혼자 살아 돌아온 유비는 좌불안석이었지만 원소를 설득해 목숨을 부지할 수 있었다. 그리고 밤을 틈타 유비는 형주의 유표에게 달아났다. 두 명의 용장이 죽었기 때문에 원소군은 사기가 떨어졌다. 이때 저수가 지구전을 제안했다. 하지만 이번에도 원소는 그의 말을 듣지 않았다.

물론 원소가 완전히 틀린 것은 아니다. 전쟁 초기에 이들은 흙산을 쌓아 조조의 군대를 화살로 공격해 우위를 점하기도 했다. 하지만 조조는 발석거를 만들어 원소가 만든 누대를 모두 부수었다.

내가 믿지 않으면
나를 믿어 주지 않는다

저수는 자신의 제안이 계속 거절당했지만 그래도 계속 제안했다. 원소가 식량을 실은 군수품을 순우경에게 맞이하라고 하자, 저수는 장기를 파견해 조조가 약탈할 가능성을 차단하라고 했다. 역시 원소는 거절했고, 결국 순우경이 오소에서 밤을 보낼 때 조조가 직접 보병과 기병을 이끌고 이들을 전부 무찔렀다. 이후 원소의 부하인 고람과 장합은 조조에게 투항했다.

어쩌면 원소는 전세를 바꿀 여러 번의 기회가 있었는지 모른다. 전풍의 조언을 받아들여 조조의 후미를 공격하여 기세를 꺾을 수 있었고, 첫 선봉대에 안량과 문추가 아닌 보다 신중한 장합과 고람을 보냈다면 결과가 달랐을지도 모른다. 저수의 말대로 지구전을 했다면 조조는 식량 문제로 제풀에 지쳐 물러났을 것이다. 하다 못해 후계자를 첫째 원담으로 정하기만 했어도 조조는 고전을 면하지 못했을 것이다. 한마디로 원소는 의심이 많았고 부하들을 신뢰하지 않았다. 명문 세가의 자손이고 화려한 외모와 말솜씨로 사람들을 현혹하여 끌어모았지만 알맹이가 없었다.

반면 조조는 순욱과 순유, 곽가, 정욱 등 참모의 말에 귀를 기울였다. 이들의 제안을 거절할 때도 있었지만, 거사를 맡긴 적도 많다. 특히 순욱에 대한 신뢰도는 상상을 초월할 정도로 높았다. 순욱은 연주에서 반란이 났을 때 연주를 지켜 조조가 다시 재기할 수 있도록 했고, 그가 관도로 떠났을 때 허도를 지키기도 했다.

한나라 개국 공신인 소하는 후세에 '서한삼걸(西漢三杰)'로 불렸다. 한신, 장량, 소하가 바로 이들이다. 한신이 용병술을 이용해 항우의 군대와 싸울 때 장량은 전략과 전술을 구사했다. 반면 소하는 묵묵히 후방에서 보급을 맡았다. 우리는 현대전에서 물자가 중요하다는 것은 익히 알지만 그는 고대 전투에서부터 이를 입증했다. 소하는 과거 진나라 지역에서 병사로 징집할 인구와 대상을 파악하고 세금을 효율적으로 관리하며 적절한 때 병사와 식량을 공급했다. 유방은 그를 전적으로 신뢰했고, 소하도 유방의 신뢰에 보답하고자 분골쇄신했다.

반면 항우는 어땠는가? 항우는 당시 최고의 군사들을 데리고 있어 천하 통일에 가장 유리한 고지에 있었다. 하지만 그는 결정적인 순간들에 자신의 책사인 범증을 믿지 않고 그의 계책을 채택하지 않았다. 범증은 신흥 세력인 유방의 무서움을 인지하고 있었기 때문에 그가 함양성을 먼저 점거하자 홍문연에 초대해 그를 제거하려 했다.

"주공, 지금이 절호의 기회입니다. 유방을 죽여야 합니다."
"음. 알겠소. 내가 적당히 상황을 보고 신호를 주겠소."

이때 유방은 장량의 조언을 받아 항우에게 바짝 엎드렸다. 항우는 유방에게 호감을 느꼈고 범증이 아무리 눈치를 줘도 그를 제거하려고 하지 않았다. 그러자 범증은 항우의 사촌 항장을 불러서 검무를 추라고 했다. 기회를 봐서 유방을 죽이려는 것이었다. 이때 유방의 동서이자 호위무사인 번쾌가 검을 들고 같이 춤을 췄다. 삶과 죽음이 오락가락하는 상황에서 유방은 술에 취한 척하면서 몰래 홍문연에서 빠져나왔다. 범증은 나중에 이렇게 탄식했다.

"아, 어린아이와 함께 일을 도모할 수 없구나. 항왕의 천하를 빼앗을 자는 바로 유방일 것이다. 우리는 그들의 포로가 될 것이다."

결국 범증의 예언은 현실이 되고야 말았다.

"의인불용 용인불의(疑人不用 用人不疑)"라는 말이 있다. 즉 사람을 썼으면 의심하지 말고, 의심스러우면 차라리 쓰지 말라는 의미다. 유방은 소하를 전적으로 신임해 소하는 그 믿음에 보답했지만, 항우는 범증을 의심해 그 능력을 제대로 활용하지 못했다. 조직의 리더라면 우선 구성원들에 대한 신뢰가 우선이다.

포상할 때는
계산하지 마라

"황하 이북은 원 씨 가족이 일으킨 난리로 피해를 입었기 때문에
올해는 세금을 내지 않아도 된다."

― 204년(49세), 마침내 원소의 본거지 업성을 함락했을 때

주나라 황실이 견융의 공격을 받아 낙양으로 천도한 이래 춘추 전
국 시대가 개막했다. 수많은 제후가 혈투를 벌였고, 전국 칠웅이 서
로를 견제하다가 마침내 진나라가 천하를 통일했다. 500년이 넘는
분열을 넘어 새로운 통일 국가를 만든 진나라의 저력은 과연 무엇이
었을까?

진나라 재상이 된 상앙은 처음 진나라의 효공을 만났을 때 공자나

맹자처럼 성인의 도를 설파했지만 그는 그다지 관심을 기울이지 않았다. 천자의 도를 설명해도 마찬가지였다. 상앙은 마지막으로 어렵게 자리를 마련해 이번에는 패자의 도를 설명했다. 그러자 효공은 그의 이야기에 푹 빠져들었다. 상앙이 군대, 세금, 법률 등을 정비하고 토지 제도와 군현제의 개혁까지 단행하며 진나라는 군사 강국으로 발돋움했다.

엄격한 법치주의로 인해 때로는 형벌이 가혹했다는 비판도 받지만 그만큼 당근책도 많았고, 이는 강국을 이룬 발판이 되었다. 상앙이 시행한 법 중에는 군에서 공을 세우면 작위를 주는 '군공수작제'가 있다. 그는 노비제를 폐지해 양민을 늘리고, 이들이 전장에 나가 적의 목을 베어 오면 1계급 특진을 시켜주었다. 군공을 세우면 재산을 늘릴 수 있고 각종 혜택을 누릴 수 있었다. 반면 아무리 좋은 집안이라도 공을 세우지 못하면 기득권을 박탈했다.

상앙이 처음 법을 시행했을 때 일화다. 사람들은 여전히 새로운 법에 의구심을 표명했다. 그러자 그는 도성의 남쪽 문에 세 장이나 되는 나무를 세워 놓고, 이 나무를 북쪽 문으로 옮기면 10금을 준다고 했다. 백성들은 그 말을 믿지 않고 아무도 옮기지 않았다. 상금을 50금으로 올리자 한 사람이 속는 셈 치고 나무를 옮겼다. 그는 약속대로 상금을 지불했고, 백성들은 법을 믿게 되었다.

물론 진나라의 가혹한 형벌은 나중에 진나라가 빠르게 패망하는 계기가 되기도 했다. 서쪽 변방에 위치한 약 500만 명의 진나라 백성은 혹독한 환경에 익숙해 엄격한 법령이 어느 정도 통했지만 다른 국가들은 그와 정서가 달랐기 때문이다. 오죽하면 나중에 한나라를 개국한 유방이 이러한 폐해를 인지하고 '약법삼장'을 공표했겠는가? 이는 살인한 자는 사형에 처하고, 다른 사람에게 상해를 입힌 자나 도적질한 사람만 벌하겠다는 것이다. 역사에 만약이란 없지만, 만약 진나라가 통일 후 법을 재정비해 유화책을 적용했다면 통일 왕국이 단지 15년 만에 허무하게 끝나지는 않았을 것이다.

주는 것 없이
원하는 대로 받을 수 없다

그런 면에서 조조는 보다 현명했다. 그도 기본적으로 법가주의자였기 때문에 엄하게 형벌을 집행하면서도 유화책을 함께 사용했다. 대표적인 사례는 그가 원소 세력을 일망타진한 후 황하 이북에 있던 백성들에게 공표한 내용이다. 당시 백성들이 가장 힘들어한 부분은 바로 세금이었다. 오죽하면 그보다 700년 전에 먼저 태어난 춘추 시대 말기 유학자 공자도 백성들의 세금 부담을 줄여야 한다고 역설했을까?

조조는 적극적인 포상으로 많은 세력을 포용할 수 있었다. 흑산적 장연이 10만 명이 넘는 부하를 이끌고 투항하자 그를 열후로 삼기도 했다. 열후는 이십등작(상앙이 처음 추진한 진나라의 작위 제도) 중 최고위로 식읍을 부여받고 세금과 부역을 거둘 수 있었다. 이후에는 그동안 자신과 함께 고생했던 공신 중 20여 명을 모두 열후로 봉했다. 그들뿐만 아니라 다른 공을 세운 사람들도 차등을 두고 작위를 하사했다. 한중의 장로가 투항하자 마찬가지로 장로뿐만 아니라 그의 다섯 아들도 모두 열후로 봉했다.

신하들만 챙긴 것도 아니었다. 앞서 황하 이북 백성들의 세금을 감면해 줬을 뿐만 아니라 병사들과 그의 가족들에게도 마찬가지로 혜택을 제공했다. 전사자의 가족에게는 요역과 조세를 면해주고, 상도 기준을 적용해 부여했다.

적벽 대전이 끝난 후 군대를 쉬게 할 때도 마찬가지였다. 그는 다시 한 번 병사와 백성을 보살폈다. 전사자가 있는 집과 일거리가 없어 스스로 살아갈 수 없는 사람들에게 현의 관리가 창고를 열어 곡식을 나누어 주고 일거리를 주도록 했다.

"그들을 구휼하고 위로하여 나의 뜻에 맞도록 하라."

조직이 점차 커지며 부하나 백성에게 혜택을 주는 자신의 철학이 잘 전달되지 않을 것을 염려해 지방에까지 영을 내리는 세심한 배려를 엿볼 수 있다. 오늘날로 보면 정부의 복지 정책이 제대로 시행될 수 있도록 한 것이다. 진나라가 강국이 되고 조조의 세력이 천하의 대세가 된 것도 이러한 현실적인 포상 덕분일 것이다. 다만 그는 조금 더 유연하고 세심하게 법을 적용해 보다 나은 환경을 만드는 데 노력했다.

조직을 운영하는 데 구성원들에 대한 상벌은 중요하다. 특히 상은 많은 효과가 있다. 자신이 한 일에 대한 자부심과 의미를 갖게 되기 때문이다. 스탠퍼드 경영대학원 교수 칩 히스는 《순간의 힘》에서 순간의 힘을 '오래 기억하고 싶은, 의미가 있는 짧은 경험'이라고 말했다. 그 짧은 순간이 상이나 포상을 통한 인정으로 고양된다면 삶의 즐거움과 업무에 대한 의욕을 느끼게 된다는 것이다. 고양은 통찰로 이어지고 긍지와 교감을 이끌어 낸다. 예를 들어 회사에서 어떤 업적에 포상을 받는 모습을 목격하거나 또는 내가 그 대상자가 된다면 고양된 마음이 들 것이고, 일의 의미를 알게 되는 통찰과 일에 대한 긍지, 다른 이들과 함께하는 것에 대한 즐거움, 즉 교감을 느끼게 된다. 이러한 마음은 조직에 선순환을 일으킨다. 다만 별다른 이유 없이 무분별하게 상을 준다면 효과는 점차 반감될 것이다. 순간의 힘을 느끼기 위해서는 힘들게 일군 성과에 대한 보상이라는 개념이 담겨 있어야 한다.

모임도 마찬가지다. 리더는 적절한 포상을 통해 참여를 이끌 수 있다. 활발하게 독서 모임을 이끄는 어떤 작가님은 모임을 잘 유지하는 방안으로 적당한 이벤트와 보상을 들었다. 실제 다양한 이벤트로 많은 독자가 참여하고 모임이 꾸준히 활성화되고 있다. 물론 보상이 정답은 아니다. 보다 순수한 마음으로 참여하는 사람들도 많다. 그럼에도 보상의 효과는 아무리 강조해도 지나치지 않다.

조조가 부하들에게 열후라는 높은 작위를 하사한 것에는 정치적인 목적도 있었다. 자신에게 충성하면 그만큼 혜택이 주어지니 열심히 일하라는 계기를 제공한 것이다. 우리는 지금 어떤 상을 주거나 받고 있는지 한 번 생각해 보자. 이는 과연 적절한가?

중요한 사람일수록
뜯어보라

"진평은 한나라 황제들의 사업을 정리했으며, 소진은 약소국인
연나라를 구해 냈다. 담당 관리는 재능이 있는 인재가 빠지거나
누락되지 않도록 하라."

– 214년(59세), 인재 등용 원칙에 대한 영을 내릴 때

리더는 비전을 제시하고, 사명감을 갖고, 구성원들 앞에서 솔선수
범하며 계획을 실행으로 옮겨야 한다. 물러날 때와 나설 때를 알고
나설 때는 배수진을 칠 각오로 최선을 다하고 빠르게 행동해야 한다.
또한 부하를 소중히 하고 이들의 자질을 제대로 파악해야 한다. 성공
하는 리더의 조건 중 가장 중요한 것은 인재 활용이라고 할 수 있다.

이 말은 결국 사람들을 잘 이해하고 이들의 장점을 극대화한다는 의미가 된다.

스포츠 경기에서도 마찬가지다. 감독은 플레이어가 아니다. 선수들에게 작전을 지시하고 목표를 상기시키고 에너지를 불어넣는 사람이다. 숨겨진 재능을 가진 선수들을 발견해 최선을 다하게 하고 자신의 능력을 100% 이상 발휘하게 만든다. 소위 명장이라고 부르는 감독들은 대부분 그랬다.

전설의 명장으로 불리는 축구 감독 알렉스 퍼거슨도 그랬다. 그는 스타플레이어를 영입하는 것보다 젊은 유망주를 발굴하는 데 집중했다. 그가 맨체스터 유나이티드를 처음 맡았을 때는 팀의 성적이 하락했다. 사람들의 비난이 거셌지만 그는 단기적인 성과에 집착하지 않고 베컴, 긱스, 루니 등 유망주들을 발굴했다.

퍼거슨이 팀을 키워 나간 중요한 방법 중 하나는 관찰이었다. 선수들의 움직임을 세밀하게 관찰하며 각자 어울리는 포지션을 결정했다. 그는 유소년부터 1부 리그까지 모든 선수의 트레이닝 세션에 참관했다. 그는 관찰의 중요성에 대해서 이렇게 말했다.

"훈련 모습, 경기 모습, 심지어 벤치에 앉아 있는 모습까지 면밀하게 관찰하다 보면 열정이 식은 모습까지 관찰할 수 있다. 선수도 모르던 부상까지 발견할 수 있다."

조조도 자신의 수하들을 면밀히 관찰하고 필요한 부문에 배치했다. 당시 장수들 사이에서는 가문과 지역 갈등이 있었다. 조 씨 문중의 장군, 친척 하후 씨, 그리고 연주에서 동고동락한 장수들, 새롭게 투항한 장수들까지. 세력을 확장할수록 파벌이 불어나며 조직이 위험에 빠질 수 있었다.

조조는 이를 파악하고 갈등을 잘 중재했다. 어느날 그가 업성의 동작대에서 자신의 붉은 전포를 걸고 화살 쏘기 시합을 벌였을 때다. 용맹한 장수들은 전포를 얻기 위해 화려한 활쏘기 능력을 자랑했다. 그런데 너무 승부욕이 앞서다 보니 자칫 싸움이 벌어질 뻔했다. 조조는 결국 시합에 참여한 모든 장수에게 붉은 전포를 골고루 나누어 주며 화기애애하게 끝을 맺었다.

반면 원소는 어떠했는가? 그는 아들과 부하들 간 갈등을 제대로 중재하지 못했다. 원담에게는 곽도가, 원상에게는 봉기와 심배가 붙어 서로를 견제했다. 결국 그가 죽고 아들과 부하들은 서로 전쟁을 벌여 드넓은 황하 이북 지역을 모두 조조에게 갖다 바쳤다.

그가 만약 미래에 벌어질 갈등을 예견하고 좀 더 세밀하게 주변을 살폈다면 아마 사전에 혼란을 막을 수 있었을 것이다. 하지만 원소에게는 이러한 관찰 능력이 없었다. 자신에 대한 지나친 믿음과 상대에 대한 불신이 있었기 때문이다.

필요한 인재를 적재적소에 배치하는 것은 어려운 일이다. 전략의 대가인 제갈량도 잘못된 임무 할당으로 1차 북벌에 실패했다. 총애하던 마속을 지휘관으로 전쟁터에 보냈는데, 주위에서는 그가 실전 경험이 없다며 만류했다. 결국 마속은 조조군의 맹장 장합에게 패하고, 제갈량은 눈물을 머금고 패배의 책임을 물어 마속을 죽여야 했다. '읍참마속(泣斬馬謖)'이라는 고사성어가 생긴 배경이다.

사람 보는 안목이
뛰어났던 조조

'관포지교(管鮑之交)'의 주인공 관중은 춘추 시대 제나라를 일류 강국으로 만들었다. 관중의 오랜 친구 포숙은 관중에게 늘 양보하는 자세를 보였다. 서로가 다른 군주를 섬길 때도 그랬다. 관중은 포숙이 모시던 공자 소백(제 환공)을 암살하려고 했지만, 포숙은 이후 제 환공에게 관중을 중용하도록 추천했다. 그는 이렇게 말했다.

"신은 나라를 안정시키고 생산을 늘리는 일에서 관중에 미치지 못합니다."

관중은 포숙의 말대로 제나라를 가장 강하고 부유한 국가로 만들었다. 오랜 시간이 지나 40여 년 가까이 국가를 이끌던 관중이 병들어 곧 죽게 되었을 때다. 제 환공은 관중에게 후임을 추천받고자 했다. 그런데 관중은 친구 포숙을 추천하지 않았다.

"포숙은 너무나 강직해 재상 자리에 적합하지 않습니다. 오히려 적을 만들게 되어 조정이 평온하지 않을 것입니다."

그러면서 무난한 능력의 습붕을 추천했다. 사실 습붕은 관중의 사람이 아니고, 제 환공의 사람이었지만 관중은 그의 능력을 높이 평가했다. 문제는 제 환공이 관중의 말을 듣지 않고 간신인 수조를 등용했다는 것이다. 수조는 나중에 역아, 개방 등과 함께 반란을 일으켰다. 제 환공의 말로는 비참했다. 그는 남문의 침궁에 갇혀 굶주리다 죽었다. 시신에 벌레가 생겨 문 밖으로 기어 나오는데도 석 달 동안 아무도 몰랐다고 했다.

반면 조조는 말년까지도 인재 관리에 능통했다. 그가 원소와의 한 판 승부를 위해 황하로 떠날 때다. 허도에서 본진을 지킬 사람이 필요했기에 그는 순욱을 남겼고, 전쟁에 동행할 참모를 고민했다.

"누가 그대 대신 지략을 펼칠 수 있겠소?"
"순유와 종요라면 할 수 있을 겁니다."

그는 순욱의 의견을 채택하고 출정했다. 조조는 순욱에게 국정 운영을 맡기고 순유, 곽가, 가후는 전쟁터에서 지낭 역할로 활용했다. 전위와 허저는 호위무사로, 장수, 장합, 장료, 서황, 주령, 악진 등은 선봉을 맡았다. 친인척인 조인, 조홍과 하후 씨 하후돈, 하후연은 늘 든든하고 믿을 수 있는 장수였다.

그는 하급 군관이었던 우금을 직접 발탁할 정도로 안목도 좋았다. 심지어 그의 곁에 잠깐이나마 머물게 된 관우를 관도 대전에서 제대로 써먹어 원소의 맹장인 안량을 해치우도록 했다. 그에게는 제갈량, 주유, 관우, 장비, 조운, 여포 등 스타급 인재는 없었지만, 보유한 인재 풀에서 인재들을 최대한 적재적소에 활용하는 안목을 가지고 있었다.

리더는 결국 구성원들을 효율적으로 배치해야 하고, 그들이 최선의 실력을 발휘할 수 있도록 자질과 능력도 잘 파악해야 한다. 분석에 능한 사람은 마케팅이나 기획, 활발하고 인간관계에 능한 사람은 영업, 동료를 지원하는 성향이 있거나 숫자에 강한 사람은 관리나 재무가 적합할 것이다. 이들이 자신의 역량을 잘 발휘할수록 조직에 많은 기여를 할 것임은 두말할 나위 없다.

필요하다면
원수와도 손을 잡아라

"이렇게 중요한 시기에 한 사람을 죽여 천하의 마음을 잃는 것은
결코 옳지 않소."
‒ 196년(41세), 유비가 여포에게 습격 당해 하비성을 빼앗겨 조조
에게 도망쳐 왔을 때

세상이 훨씬 더 복잡해지고 있다. 나 혼자 성공하고 승승장구하고
싶어도 그럴 만한 자원이 현실적으로 부족한 경우가 많다. 그렇기 때
문에 공공연하게 '합종연횡(合從連橫)'이 벌어지곤 한다. 합종연횡은
전국시대 때 국가들 사이에서 살대방을 견제하며 살아 남기 위해 벌
어지던 형상을 일컫는다.

전국시대 당시 중국에는 진, 연, 제, 초, 한, 위, 조의 전국 칠웅이 있었는데, 진나라는 서쪽 대부분을 차지하며 동쪽의 국가들을 호시탐탐 노리고 있었다.

당시 진나라는 위나라 출신 상앙의 법치 철학에 근거해 군제, 세제, 법제를 정비하고 토지 제도와 군현제를 시행하는 등 개혁을 단행했다. 당연히 귀족들은 반발했지만, 그는 진나라 제25대 군주 효공의 강력한 지지를 등에 업고 변화를 주도했다. 이때 소진이라는 인물이 진나라를 견제하기 위해 동쪽의 여섯 나라를 돌며 다음과 같이 설파했다.

"약한 나라들은 서로 뭉치지 않으면 망합니다. 모두 한마음으로 맞서면 진나라도 어쩔 수 없을 것입니다."

이것이 남북으로 합치자는 '합종'이다. 소진의 설명은 충분히 이치에 맞았다. 만약 진나라가 인접한 국가인 위나라를 공격할 때 주변국들이 도와주면 제아무리 강성한 진나라여도 골치가 아플 것이었다. 이러한 공로로 소진은 여섯 국가의 재상직을 겸하게 되었다. 연합군의 수장이 된 것이다.

그런데 소진과 함께 귀곡자 선생 밑에서 공부한 장의라는 인물은 전혀 반대되는 이론을 들고 나왔다. 오히려 강한 진나라와 화친을 맺어야 안전하다는 논리였다.

즉 장의는 강자와 동서로 관계를 맺는 '연횡'을 주장했다. 사실 이러한 논리는 조금만 깊게 생각해보면 어불성설이었지만, 그의 뛰어난 언변은 연횡을 반대하는 세력을 회유하며 결국 합종은 와해됐다.

조조의 당시 상황도 비슷했다. 그는 동탁을 추격하다 서영의 군대에 패한 후 마땅한 근거지가 없어 원소에게 의탁했다. 이들은 강력한 무력을 자랑하며 주변을 함께 정복해 갔다. 그러나 조조는 독립하고 싶었고, 마침내 연주와 예주에 기반을 두고 황제를 옆에 모신 채 천하를 호령하게 되었다.

하지만 북쪽에는 강력한 라이벌인 원소, 동쪽에는 이리 같은 여포, 남쪽에는 성인군자 같아 보이지만 야심 있는 유표, 그리고 강동의 호랑이 손책 등이 떡하니 버티고 있었다. 사방으로 적을 두고 있다 보니 조조는 더 많은 자원이 필요했고, 잠재적 경쟁자로 여기던 유비까지 같은 편으로 받아들이게 되었다. 유비는 전투력은 비교적 강했지만 지략이 아주 뛰어나지는 않았다. 다만 인과 덕을 바탕으로 관우, 장비, 조운 등과 같은 맹장을 데리고 있었다.

조조는 황실 종친을 자처하는 유비를 포용하면서 명분뿐만 아니라 그의 장수들도 확보할 수 있었다. 그때는 아직 유비에게 제갈량이 합류하기 전이었기 때문에 유비의 세력은 무력 집단에 가까웠다.

물론 조조가 경쟁자들을 무조건적으로 포용한 것은 아니다. 도겸, 여포, 원술, 원소, 유표 등은 확실히 처단할 대상이었다. 그는 자신에게 필요한 부분은 취하고 아니라면 철저하게 응징했다. 이들의 공통점은 모두 야심가였다는 것이다. 도겸도 소설에서는 유비에게 서주자사 자리를 양도한 자애로운 이미지로 그려지지만, 정사에서는 그렇지 않다. 도겸은 하비 사람 궐선이 스스로를 천자라고 일컬으며 수

천의 반란군을 일으키자 함께 군대를 동원해 호응했다. 이때 조조는 도겸을 응징해 성을 10여 개 함락하며 세력을 공고히 했다.

포용할 경쟁자와
배척할 야심가를 구분하라

때로는 기업들도 경쟁사와 합종연횡을 할 때가 있다. 1995년 애플이 8천만 달러의 적자를 기록하고 회사가 매각 위기에 처했을 때다. 스티브 잡스가 구원 투수로 돌아온 후 손을 벌린 업체는 바로 마이크로소프트였다.

과거 잡스는 마이크로소프트 창업자 빌 게이츠를 원색적으로 비난하고는 했다. 특히 마이크로소프트의 윈도우가 자신들이 만든 GUI(Graphic User Interface)를 베꼈다고 주장했다. 그러나 잡스는 1997년 "애플과 마이크로소프트가 다투는 시대는 끝났다"라고 말하며 시장을 깜짝 놀라게 했다. 10년 후 이들은 〈월스트리트저널〉이 주관하는 공개 대담 프로그램에서 서로에게 덕담까지 건네는 사이가 되었다. 속으로는 서로를 어떻게 생각했는지 모르겠지만 말이다.

실제 네이비씰 출신 작가 조코 윌링크는 《네이비씰 승리의 리더십》에서 "단점을 보완해줄 사람을 찾아 팀으로 데려와야 한다"라고 말했다. 자신의 부족한 능력은 다른 사람으로 보완해야 한다는 것이다. 조조는 개인적인 능력은 출중했으나 환관의 후예라는 배경을 보완할 필요가 있었고, 유비를 포용함으로써 부족한 부분을 채우게 되었다.

리더는 협력할 줄 알아야 한다. 그 사람이 심지어 경쟁자라도 말이다. 선의의 경쟁은 그냥 생겨난 말이 아니다. 공정하게 경쟁하며, 필요할 때는 경쟁자를 포용해야 한다. 물론 예외는 있다. 경쟁자의 품성이 너무 악하거나 도저히 감당할 수 없는 사람이라면 과감하게 선을 그을 필요도 있다. 선량함의 대명사인 공자조차도 자신보다 덕이 못한 사람과는 교류하지 말라고 했다. 그는 《논어》의 〈학이〉 편에서 다음과 같이 이야기했다.

"정성을 다하고 믿음을 지켜라. 자기보다 (덕행이) 못한 사람과 교류하지 말라."

앞서 언급한 원소, 원술, 도겸, 여포는 조조가 품을 만한 경쟁자가 아니었기 때문에 조조는 이들을 포용하지 않았다. 물론 유비 역시 야심가였지만 당시에는 세력이 미약했고, 훌륭한 장수들을 데리고 있었기 때문에 필요에 의해 포용했던 것이다. 또한 유비를 영입하는 넓은 도량을 보여 줌으로써 더 많은 인재가 그에게 찾아오게 만든 계기가 될 수 있었다.

리더로서 내 그룹을 더 성장시키고 싶다면 나보다 뛰어난 사람들을 영입해야 한다. 다만 조직에 잘 융화될 수 있는 사람이어야 한다. 자신의 능력만 믿고 리더의 자리를 위협한다면 그는 포용이 아닌 경쟁을 해야 될 관계다.

사소한 일에
주의를 기울이지 마라

"이제 됐다. 승패는 '병가지상사(兵家之常事)'라 했다. 전쟁에서
는 이길 때도 있고 질 때도 있다. 이번 경험이 너에게 큰 교훈이
되었을 것이다. 다음 전투는 꼭 승리로 이끌도록 해라."
– 208년(53세), 유비와의 신야 전투 중 하후돈의 패배 후

성공한 기업의 배경에는 훌륭한 창업자가 있기 마련이다. 후대 사
람들은 그들이 어떻게 회사를 성공시켰는지에 대해 연구한다. 그들
은 공통적으로 불굴의 도전 의지를 가졌고, 남들이 가지 않은 길을 창
조했다. 하지만 그들도 수많은 실패와 역경을 딛고 일어섰고 수많은
직원의 노력이 성공의 밑거름이 되었다 결코 혼자서 성과를 이룰 수

없기 때문이다. 성공할 때는 당연히 함께 결과물을 누리고 향유할 수 있겠지만, 반대의 경우는 다르다. 직원의 실수로 조직에 큰 피해가 발생한다면 어떻겠는가? 성공한 리더는 조직의 더 큰 발전을 위해 용서하고 실수를 받아들이고, 더 큰 실수를 하지 않도록 주문한다.

조조도 마찬가지였다. 그는 다들 어렵다고 여기던 원소를 상대로 도전을 감행했다. 그러면서 병사들을 독려하고 승리의 기운을 불어넣었다. 사실 조조나 병사들이나 두렵기는 마찬가지였을 것이다. 당시 원소는 이미 하북을 장악했고, 요동의 막강한 세력인 공손찬까지도 정복한 상태였다.

두려움은 전염병처럼 퍼진다. 병사들의 두려움을 파악한 조조는 선언한다. '나는 너희의 능력을 믿는다', '원소의 병사들을 속전속결로 공략하면 승산이 있다'고 말이다. 그의 병사들은 이미 강력한 군웅들을 상대로 승리를 거두었기 때문에 사기가 높았다. 더군다나 천자를 모시고 있는 군대이니 오죽했을까. 그들은 하늘이 자기의 편이라고 믿고 있었다.

그런데 조조의 리더십은 이것이 전부가 아니다. "돌진 앞으로!"는 누구나 외칠 수 있다. 관도 대전 승리 후 그가 형주의 유표를 정복하기 위해 나선 때다. 유비는 마침 형주 북쪽 신야라는 고을에서 유표의 방패막이 역할을 하고 있었다. 조조는 대군을 정비한 후 본격적으로 형주 정복에 나섰다. 208년, 그의 나이 53세였다. 북쪽은 통일했으니 남은 것은 남쪽이었다. 그는 대군을 이끌고 남진하며 하후돈을 선봉으로 보냈다.

하후돈은 조조의 친척이자 오랫동안 맹장으로 활약한 장수였다. 그는 군대를 이끌고 신야에 주둔한 유비군을 향해 파죽지세로 돌격했다. 조조군의 기세는 하늘을 찌르고 땅을 울렸다. 조그만 신야성은 바람 앞에 등불과 마찬가지였다. 유비의 운명이 끝날 판이었다.

하지만 유비는 그동안 부족했던 지략을 메꾸기 위해 삼고초려로 제갈량을 영입한 상태였다. 제갈량은 마침내 유비의 기대에 부응하기 위해 전략을 구상했다. 성미가 급한 하후돈의 성격을 이용해 관우와 장비를 매복시키고, 새로 영입한 조자룡을 미끼로 하후돈을 골짜기 깊숙한 곳으로 끌어들였다.

하후돈은 계략에 속았음을 깨달았지만 때는 이미 늦었다. 골짜기에서 불화살이 날아오고, 후방에서는 장비가 군량미에 불을 지르고, 관우도 영채를 화공으로 공격했다. 군사들은 혼비백산해 달아났다. 죽은 병사들이 인산인해를 이루었다. 조조는 믿었던 하후돈이 참패해 화가 났지만, 장수를 아끼는 마음이 더 강했기 때문에 그의 실수를 용서했다. 조조는 스스로 포박하고 그의 앞에 나타나 죄를 청하는 하후돈에게 이렇게 말했다.

"됐다. 승패는 병가에서 늘 있는 일이다. 이번 일을 거울 삼아 다음 전투에서는 꼭 이기도록 해라."

조조는 이렇게 강함과 부드러움을 모두 갖고 있는 리더였다.

강약을 조절할 줄 아는 리더가 진정한 고수라고 할 수 있다. 구성원들을 무조건 강하게 압박하는 것은 전형적인 과거의 리더십이다. 강하게 압박하면 적어도 결과는 좋을 수 있다. 그것은 고성장 시대에서 잘 통하던 방식이었다.

하지만 이제는 저성장 시대다. 예전과 같은 방식이 늘 통용될 수 없고, 보다 창의적인 아이디어가 필요하다. 그러려면 구성원에게 마음의 여유를 주고 실수를 용인하는 자세가 필요하다. 무조건 용서하라는 것이 아니다. 실수를 두려워하지 않게 만들어야 새로운 시도를 할 수 있다. 한 번의 승리나 패배에 일희일비해서는 안 된다. 너무 쉽게 샴페인을 터뜨리거나 질책해서는 안 된다는 의미다.

리더의 그릇이 클수록
조직이 커진다

마이크로소프트의 신임 CEO는 성공한 엔지니어였다. 그는 1992년 마이크로소프트에 입사한 후 클라우드 컴퓨팅 분야에서 활약하다 2014년에 CEO가 되었다. 인도계 미국인이 아메리칸 드림을 이룬 것이다.

그의 가정 사정은 그렇게 행복하지 못했다. 아들이 뇌성 마비에 걸리자 세상이 원망스럽기도 했다. 하지만 그는 아내의 헌신적인 사랑과 노력을 보며 자신의 상황을 인정하고 받아들였다. 공감과 사랑의 중요성을 느끼는 순간이었다. 그는 자신이 깨달은 바를 회사의 조직 문화에 녹여 내 서로 비난하기보다 용서하고 소통하는 문화를 조성했다. 전임 CEO 체제에서는 서로의 잘못을 지적하고 비난하기 일쑤였던 총성 없는 전쟁을 벌이던 조직이 완전히 뒤바뀌었다.

바로 사티아 나델라에 대한 이야기다. 그는 자서전《히트 리프레시》에서 이렇게 말했다.

"내 접근법은 부러움과 경쟁심이 아닌 목적의식과 자부심으로 사람을 이끄는 방식입니다."

그가 제일 먼저 한 것은 SLT(Senior Leadership Team)구성원들의 모임을 가진 것이다. 이 모임은 뛰어난 엔지니어, 연구원, 관리자, 마케팅 관리자로 구성되어 있었다. 한마디로 회사의 중추 역할을 하는 사람들이었다.

모임은 저명한 심리학자에 의해 진행되었다. 이들은 처음으로 회사 업무를 넘어 자신의 열정과 철학을 공유하기 시작했다. 서로 공감하고, 그 공감이 새로운 영감을 불러일으켰다. 그가 이끄는 마이크로소프트는 새로운 도약을 펼쳤다. 책의 제목처럼 리프레시 버튼을 누른 것이다. 어떤 조직이라도 새롭게 시작할 수 있다는 희망을 얻을 기회가 있다. 마이크로소프트는 AI 시대에 혁신의 아이콘이 되었고, 시가 총액은 대한민국의 GDP보다 높은 3조 달러에 육박했다.

조조가 하후돈을 용서한 것은 단순히 장수를 아끼는 마음도 있었겠지만, 보다 큰 그림을 그린 것으로 이해할 수 있다. 다른 장수들 앞에서 관대한 모습을 보여 주며 그들의 충성심에 긍정적인 자극을 이끌었으니 말이다. 그렇다고 단순히 용서로만 끝난 것도 아니다. 그는 조직의 더 큰 발전을 위해 실수를 용납하면서도 더 나은 결과를 요구했다. 이후 하후돈은 수많은 전투에서 공적을 세우고, 자신의 한쪽 눈을 잃어 가면서까지 충성을 다했다.

우리는 과연 얼마나 많은 실수를 용납하고 있는가?

공로는 낱낱이 밝혀 돌려준다

"내가 의로운 군대를 일으켜 포악한 반란군을 정복한 지가 벌써 19년째다. 정복할 때마다 승리를 거둔 것은 결코 나 한 사람의 공로가 아니다."

– 207년(52세), 조조가 원소의 조카 고간을 정복한 후

쇼펜하우어는 "산다는 것은 괴로운 것이다"라고 말했다. 그에 따르면 애초부터 사람은 부와 명예 등 '가짜 행복'을 목표로 한다. 가짜 행복은 일시적인 만족감을 주지만, 우리는 자신보다 더 나은 사람을 보면 또다시 불나방처럼 가짜 행복을 향해 달려들게 된다. 그러나 종국에는 죽음 앞에서 인생의 무상함과 허무함을 느끼게 된다. 자신만의

행복을 추구하기 위해 인류는 수많은 전쟁을 치렀다. 자유와 평등과 더 나은 부를 위해 말이다.

영화 〈나폴레옹〉에 대한 사람들의 평이 엇갈렸다. 우리가 생각하는 나폴레옹의 위대함보다는 그의 평범하고 인간적인 면을 조명했기 때문이다. 당초 나폴레옹은 자유, 평등, 연대의 기치를 걸고 프랑스 혁명의 이념을 실천하고자 했다. 그는 만민의 평등을 꿈꾸던 많은 군중에게 지지를 받으며 주변 군주국과 대적하여 승리를 이끌었다. 하지만 1804년에는 자신을 황제로 선포하고 절대 권력을 자랑하며 평등의 기치와는 거리가 먼 행보를 보였다. 베토벤은 그에게 헌정하는 3번 교향곡을 작곡해 그를 가난한 사람들의 영웅이라고 칭했지만, 그가 황제가 되자 곡의 표지를 찢기도 했다.

영화가 끝난 후 스크린에 나타난 메시지로 감독의 의도를 짐작할 수 있었다. 그가 초래한 전쟁으로 인한 사망자만 300만 명에 이르렀다고 한다. 자유를 향한 순수한 의도로 시작한 전쟁은 수많은 국민의 목숨을 담보로 잡았다.

205년, 조조에게 진작 투항했던 원소의 조카 고간이 병주에서 반란을 일으켰다. 조조가 원 씨 형제들을 잡기 위해 오환족과 전쟁을 벌일 것이라는 생각과 북쪽에 위치한 삭막한 지역인 병주 정복이 결코 쉽지 않다는 계산도 있었다.

하지만 조조는 고간의 허를 찔렀다. 그는 악진과 이전을 보내 선제공격을 감행했고, 당황한 고간이 급히 호관성으로 돌아갔다. 조조군은 용맹했다. 이들은 험난한 지형과 혹독한 날씨 속에서 석 달 만에 성을 함락했다. 고간은 형주로 도망갔지만, 결국 붙잡혀 참수되었다.

207년, 장수와 병사들이 많은 전쟁으로 지쳐 갈 때 조조는 다음과 같이 영을 내려 이들을 달랬다.

"내가 의로운 군대를 일으켜 반란군을 정복한 지가 19년이 되었는데, 정복할 때마다 승리한 것은 결코 나 한 사람의 공이 아닐 것이다. 이는 현명한 사대부들의 힘이 있었기 때문이다. 천하가 아직 완전히 평정되지 않았기 때문에 나는 이들과 함께해야 할 것이다. 그런데 그 공로의 대가를 나 혼자 누린다면 내 마음이 과연 편하겠는가? 시급히 논의해 상을 내리도록 해라."

조조는 공신 20여 명을 모두 열후에 봉했고, 공을 세운 정도에 따라서 작위를 하사했다. 전사자의 자식들에게는 요역과 조세를 면해 주기도 했다.

이름을 남긴
명장들의 공통점

조조가 술회한 바와 같이 그는 전장에서 20여 년 가까이 시간을 보내며 삶과 죽음의 경계에서 수없이 어려움을 겪었다. 단 한 번도 쉽고 편한 적이 없었고, 늘 자신을 위협하는 세력이 있었고, 고난의 시국을 견디는 것이 일상이었다. 그래서 심한 편두통을 앓게 된 것인지도 모른다.

하지만 그는 포기하지 않았고, 자신과 함께 그 시기를 지낸 부하들에게 그 이상의 포상을 했다. 그는 전쟁에서 엄격했고, 전쟁이 끝난 후에 결과에 대한 상벌도 명확했다. 그래서 부하들이 목숨을 걸고 전투에 임했던 것이다. 그의 리더십이 빛을 발하는 순간이다.

앞서 나폴레옹에 대한 평가가 엇갈린다고 했지만, 당시 그는 민중의 영웅이었다. 사람들은 그가 자유와 평등의 사회를 가져와 줄 것이라는 믿고 목숨 바쳐 그에게 충성했다. 그가 유럽 전역을 재패할 수 있었던 것 역시 수많은 민중의 지지가 있었기 때문이다.

영화 후반부 나폴레옹이 유배된 엘바 섬에서 탈출한 후 프랑스군의 저지를 받았을 때다. 일촉즉발의 상황에서 그는 예전에 함께 동고동락했던 자신의 부하들을 발견하고 반갑게 맞이했다. 군인들은 총을 거두고 그와 함께 다시 귀환해 마지막 워털루 전쟁까지 함께한다. 부하들에게는 적어도 그가 고난을 함께하고, 결실도 같이 나눌 사람이라는 믿음이 있었다.

한비자는 〈내저설 상〉 편 중 칠술, 즉 신하를 통솔하는 일곱 가지 방법을 다음과 같이 이야기했다.

첫째, 여러 신하의 말을 골고루 참조하고 관찰해야 한다.
둘째, 죄를 지은 자는 벌을 내려 군주의 위엄을 밝혀야 한다.
셋째, 공을 세운 자는 상을 주어 능력을 다하게 해야 한다.
넷째, 신하가 한 말에 대해 실적을 따진다.
다섯째, 의심하는 신하들은 계략으로 부린다.
여섯째, 알고 있는 것도 모른 척 질문한다.
마지막으로, 상대의 의중을 알기 위해 일부러 거꾸로 말한다.

조조는 한비자가 강조한 두 번째와 세 번째를 '신상필벌(信賞必罰)'의 원칙으로 적용했다. 조조는 부하의 말과 행동을 늘 관찰하고 이들의 심리 상태를 면밀히 파악했다. 지속적인 전쟁으로 피로도가 누적되자 노고를 위로하고 포상을 통해 충성심을 유도했다.

국가, 사회, 회사, 가정 등 조직을 이끈다는 것을 결코 쉬운 일이 아니다. 매일매일 고난의 연속이다. 그럼에도 리더는 포기할 수 없는 자리다. 어떠한 고난을 맞이하더라도 자신만의 방식으로 싸워 이겨내야 한다. 하루도 편한 날이 없을지도 모른다. 하지만 "산다는 것은 괴로운 것이다"라는 것을 인정하고 그 안에서 방법을 찾아야 한다.

결국 리더가 혼자 할 수 있는 것은 없다. 공을 함께 나누고 실도 함께 분석해야 한다. 물론 종국에 책임은 리더가 감당해야 할 부분이지만 말이다. 이제 고난을 맞이했을 때 나의 마음가짐은 어땠는지, 어떻게 다른 사람들과 헤쳐 나왔는지, 그리고 앞으로 어떻게 함께 헤쳐나갈지 잠시 생각해 보자. 일을 할 때는 규율을 바로 세우고 공은 나누었는가? 아니면 규율에만 집착하는 팍팍한 분위기를 만들었는가?

경험을 주고
지켜보는 시간을 가져라

"그대들은 나를 도와 지위가 낮은 사람들을 잘 살펴 추천하라."

－ 210년(55세), 적벽 대전 후 구현령을 내렸을 때

"지금까지 가장 어려웠던 문제가 무엇이었으며, 이를 어떻게 해결했습니까?"

면접에서 단골 메뉴처럼 등장하는 질문이다. 하지만 이러한 질문은 수많은 글로벌 회사뿐만 아니라 세계적인 기업가 일론 머스크도 꼭 물어보는 질문이다.

기업을 운영하는 데 가장 중요한 것이 바로 리스크 관리다. 리더는

리스크를 타개하는 데 도움이 될 인재를 채용할 필요가 있다. 물론 당장 막중한 업무를 맡을 능력이 되지 않을 수도 있기 때문에, 기회를 주며 육성하고 평가해야 한다.

조조는 다음과 같은 방법을 주로 활용했다.

첫째, 주변의 천거를 받았다.

둘째, 마음에 드는 사람은 직접 면접을 봤다.

마지막으로, 직접 기회를 주어서 평가했다. 마지막 단계를 통과해야 그의 심복이 될 수 있었다.

조조는 인재를 등용할 때 투 트랙(Two Track) 전략을 사용했다. 그는 먼저 한나라 헌제를 모시기 위한 신하들을 뽑았다. 이들은 그의 대의명분이 되어 재야의 인재들을 끌어모을 수 있었다. 그와 사사건건 부딪쳤던 공융이 대표적이다. 공융은 공자의 후손으로 뛰어난 문학적 자질을 보였다. 그는 당대 '건안칠자(建安七子, 조조 부자 밑에서 뛰어난 활약을 보인 일곱 명의 문인)' 중 한 명이었다. 그런데 그는 조조의 야심이 점차 커지자 이를 비판했다. 결국 그는 조조가 형주를 정복하려고 선언했을 때 조조를 면전에서 비난하다 처형 당했다. 비록 공융은 조조와 결이 맞지 않았지만, 그의 합류는 다른 많은 재야의 인재를 불러 모으는 시발점이 되었다.

다른 하나는 바로 조조의 측근이었다. 그는 자신에게 충성하는 신하들을 뽑기 위해 그들을 곧잘 테스트하곤 했다. 자신과 비슷한 곽가를 전장에 데리고 다니며 경험을 쌓도록 했다. 순욱의 조카인 순유도 마찬가지였다. 순유는 전쟁터에서 그의 군사 역할을 했다. 그는 여포 토벌, 관도 대전, 적벽 대전 등 굵직한 전쟁에서 조조와 생사고락을 함께했다. 관도 대전에서 조조가 흔들릴 때 기다림의 중요성을 강조한 것이 순욱, 그리고 그의 옆에서 원소의 군량고를 공략하자고 제안한 이가 바로 순유였다. 이 두 명의 순 씨 덕분에 조조는 판을 뒤집을 수 있었다.

이뿐만 아니라 조조는 그의 아들을 죽이는 데 기여한 가후마저 중용했다. 가후는 자신의 처지를 잘 알고 있었기 때문에 최대한 나서지 않으려고 했지만 조조는 중요한 일이 있을 때마다 그에게 조언을 구했고, 가후는 결정적인 순간마다 중요한 충고를 해주었다. 조조가 후계자 문제로 고민할 때, 가후는 한마디를 툭 던질 뿐이었다.

"신은 원소와 유표 부자의 일을 생각합니다."

즉 원소와 유표가 장자를 세우지 않아 결국 망했음을 빗댄 것이다. 조조는 그의 충고를 마음에 새기고 조비를 태자로 세웠다. 만약 조조가 아들을 죽인 죄로 가후에게 복수해 그를 기용하지 않았다면, 그는 마초와 한수와의 전투에서 승리하지 못했을 것이다. 당시 가후가 제안한 둘 사이의 이간책은 그야말로 묘수였기 때문이었다.

물론 기회를 줬음에도 실망시키는 사람들은 가차 없이 몰아냈다. 공융을 죽였고, 공융이 데려온 예형도 마찬가지였다. 그는 삼국지 최고의 독설가였다. 조조는 애초부터 공융을 탐탁지 않게 생각했으나, 그의 명성과 체면을 생각해 예형을 만났다. 역시 예형은 조조에게 엄청난 독설을 날렸다. 예전의 조조였다면 예형은 바로 사형감이었으나, 그는 자신의 과오를 잘 알고 있었다. 자신의 신분을 비난하던 연주의 명사들을 죽였던 것이 반란의 씨앗이 되었던 아픈 과거가 있었기 때문에 웬만해서는 감정에 치우쳐 행동하지 않으려 했다. 오히려 조조는 그에게 북을 치는 역할인 '고사'라는 직책을 주었다. 그를 망신 주려는 마음도 있었지만, 적어도 칼날을 들이미는 대신에 기회를 한번 준 것이었다. 마침내 조조가 출병할 때 예형이 북을 치러 나왔다. 그는 옷을 홀라당 벗고 연주를 했는데, 연주가 기가 막혔다. 조조조차도 감탄할 정도였다.

"내가 그를 욕보이고자 마련한 자리인데, 오히려 욕을 본 사람은 나로군!"

조조는 예형을 풀어 주고 그를 유표에게 보냈다. 유표도 처음에는 그를 우대했다가 그의 무례함에 질려 부하 황조에게 보냈고, 예형은 결국 황조를 화나게 해 죽었다.

한 사람이
천하의 일을 다 할 수 없다

조조는 누구보다 실력을 우선시했다. 면담을 해 그 사람의 자질을 평가하고 기회를 주었다. 조직이 거대해지자 그는 인사권의 상당 부분을 순욱에게 맡겼다. 순 씨 가문은 청렴결백하고 늘 부지런하게 자신의 일에 최선을 다했기 때문이다. 곽가가 조조처럼 임기응변에 능했다면 이들 순 씨는 사람 자체가 진국이었다. 결국 조조는 순욱, 순유, 곽가, 정욱을 적절히 활용해 난국을 타개했다.

반면 원소는 집안이 좋은 호족들을 우선시했고, 유능한 참모인 저수와 전풍을 신뢰하지 않았다. 후계자 문제에도 마찬가지였다. 그는 자식들과 조카에게 기주, 병주, 청주, 유주를 통치하게 하며 이들의 자질을 테스트했다. 아마도 그는 첫째 원담의 문제를 깨달았을 것이다. 원담의 거친 성격보다는 원상의 부드러움이 네 개 주를 연합하는 데 더 도움이 될 것이라고 생각했다. 하지만 원소는 조직을 테스트하고 다듬기 전에 죽고 말았다.

공자는 "하는 일을 보고, 이유를 관찰하며, 편안하게 여기는 것을 살핀다면, 사람이 어찌 숨기겠는가?"라고 이야기했다. 이는 사회생활을 할 때 꼭 필요한 덕목이다. 상대를 잘 이해해야 업무를 위임할 수 있는 것이다.

세계적인 헤지펀드 시타델을 운영하는 창업자 켄 그리핀은 뛰어난 투자 실력으로 인정 받았다. 회사의 운영 펀드도 600억 달러를 초과할 정도로 성장했다. 그는 쉬지 않고 트레이딩을 했지만, 물리적인 한계로 13시간에서 15시간밖에 일할 수 없었다. 그래서 그는 위임의 중요성을 강조하며, 지난 30년 간의 성공 비결에 대해 "사람들과 그들의 판단을 믿고, 유능한 이들에게 업무를 위임했기 때문"이라고 역설했다.

자신의 능력이 아무리 뛰어나더라도 리더는 미래를 대비할 필요가 있다. 자질이 뛰어난 후배들을 발굴하고 기회를 주며 이들을 양성하는 것도 중요하다. 사람을 평가할 때는 우선 색안경을 벗고, 그 사람의 능력을 냉정하게 평가하고 깊이 이해할 필요가 있다. 만약 배경만 보고 일을 맡겼다가는 큰 손해를 볼 수도 있다. 이러한 과정은 결국 조직의 영속성을 위해 필수다.

제4편

결정적인 순간에
승부수를 둔다

: 열세를 승세로 만드는 조조의 전략

제25강

때로는 고양이를 무는
쥐도 될 수 있다

"대신들께 말씀드립니다. 그렇게 밤을 새워 운다고 한들 어찌 동
탁을 죽일 수 있겠습니까?"
– 189년(34세), 조조가 왕윤이 주최한 연회에 참석해 안타까운 현
실에 탄식하는 대신들에게 던진 말

"고양이 목에 방울 달기"라는 속담이 있다. 쥐들은 살아남기 위해
고양이를 어떻게 퇴치할지 궁리하고 있었다. 이때 쥐 한 마리가 '고
양이 목에 방울을 달면 된다'고 제안했다. 다들 기발한 아이디어라고
맞장구를 쳤다. 그러나 어떤 쥐도 방울을 달겠다고 감히 나서지 못했
다. 그것은 곧 죽음을 각오한다는 의미였기 때문이다.

인생사도 마찬가지다. 어려운 일이 있을 때는 누군가 나서야 한다. 그리고 그 누군가가 리더인 경우가 많다. 리더는 구성원들의 심리 상태를 잘 파악하고, 불합리한 것이 있다면 이를 윗선에 전달하고 개선할 책임과 의무가 있다. 그것이 쉽지 않다는 것이 문제다.

환관들을 척결하기 위해 각 지방의 군웅들을 부르자는 황당한 아이디어를 낸 원소는 먼저 달아나고 말았다. 명문세가를 자랑하던 그의 가문도 동탁에 의해 철저하게 탄압되었다. 한 황실에 커다랗고 뚱뚱한 고양이 한 마리가 들어선 것이다. 고양이를 지키는 새끼 고양이도 많았다. 쥐들은 숨죽이며 대책을 강구했다. 급기야 대장 쥐 왕윤은 대신들을 자신의 집에 초대했다. 동탁의 수하가 아닌, 한 황실을 걱정하는 인물들 위주로 말이다.

누군가 나서야 한다면
기꺼이 나서라

조조는 초대받지 못했다. 동탁이 이미 그를 효기교위로 임명해 중용하려는 것을 알았기 때문일 것이다. 사실 그도 동탁의 신임을 받았을 때 혹하는 마음이 들기도 했을 것이다. 환관의 손자라는 오명 아래 많은 사대부에게 업신여김을 당하고 있으니 이번 기회에 자신도 높은 지위에 올라 잘못된 것을 바로잡고 싶은 욕망이 있었을 것이다. 부정부패를 척결하고, 한 황실을 받들고, 주나라의 문공 같은 명신이 되는 것처럼 말이다.

문제는 동탁은 그럴 만한 그릇이 아니었다는 점이다. 동탁은 자신과 변방에서 함께 고생했던 부하들만 애지중지했다. 그는 무지몽매하고 성품이 잔혹했으며, 신하들을 너무 쉽게 처벌하고 백성들에 대한 인정도 부족했다. 그래서 조조는 다른 신하들과 함께 그를 몰아내기로 마음을 굳혔다.

그러던 찰나 왕윤을 중심으로 신하들이 모의하고 있다는 것을 듣고 조조는 당돌하게 연회장에 찾아갔다. 마침 대신들은 한 왕조의 앞날을 근심하며 눈물 짓고 있다가 그가 나타나자 소스라치게 놀랐다. 자신들이 모두 반역죄로 참혹하게 살해당할 것이라는 두려움 때문이었다. 하지만 그는 이렇게 일갈했다.

"대신들이 그렇게 눈물을 보인다고 동탁을 죽일 수 있겠습니까? 제가 동탁을 처단하겠습니다."

사람들은 자신의 귀를 의심했다. 정말로 조조가? 동탁에게 총애를 받고 있는 그 조조가? 이때 왕윤이 나서서 말했다.

"고얀 놈이라고. 어디서 그런 막말을 하는 것이냐? 어서 물러가라."

사실 왕윤은 조조가 자신과 뜻을 같이하자 천군만마를 얻은 마음이었지만, 이미 대신들 중에 동탁과 내통하는 사람들이 있기 때문에 겉으로 이를 부정한 것이다. 조조가 허탈한 마음으로 왕윤의 저택을 나오자 다른 하인이 조용히 다가왔다.

"어르신, 잠시만 저를 따라오시죠."

왕윤은 기다리고 있었다. 그는 조조의 손을 덥석 잡으며 말했다.

"그대의 용기에 감복했소. 한나라를 위해 동탁을 처단해 주시오."

고양이 목에 방울을 거는 것이 아니라, 아예 고양이를 처단하라는 말이다. 조조는 전혀 머뭇거리지 않고 응낙했다.

"네, 대인. 목숨을 아끼지 않고 역적 동탁을 처단하겠습니다. 저에게 좋은 생각이 있습니다. 동탁은 저를 신뢰하기 때문에, 대인이 가지고 계신 칠성보검을 제게 주시면, 그 검을 동탁에게 바치는 척하면서 그의 목숨을 빼앗겠습니다."

왕윤은 기꺼운 마음으로 조조에게 보검을 주고 그의 무운을 빌었다. 하지만 계획은 실패로 돌아갔다. 조조는 동탁이 침상에서 잠들었을 때를 노렸으나, 동탁이 동물적인 감각으로 이상한 낌새를 차리고 잠에서 깼기 때문이다. 이때 조조의 임기응변은 그야말로 아카데미 주연감이다. 그는 갑자기 무릎을 꿇고 보검의 방향을 바꿔 동탁에게 보검을 바쳤다.

"대인, 이 보검을 대인께 바치겠습니다."

동탁은 칠성보검의 예리한 칼날을 보며 흡족해 했다. 역시 자신이 총애하는 조조라는 생각이 들었다. 하지만 암살에 실패한 조조는 동탁이 준 새 말을 타고 달아났다. 뒤늦게 이 사실을 깨달은 동탁이 그를 잡으려고 했으나 그는 이미 성을 벗어난 뒤였다. 이후 조조는 반동탁 연합군에 참전해 다른 연합군 수장들이 자신의 이해득실을 따질 때, 누구보다 치열하게 목숨 걸고 동탁과 싸웠다.

리더에게는 용기가 필요하다. 하지만 동시에 지혜도 필요하다. 아무리 고양이 목에 방울을 거는 용기가 있다 하더라도 지혜가 수반되어야 한다. 만약 변화가 필요해 윗선에 보고해야 되는 경우라면 그 상황을 잘 파악하고 말을 신중하게 할 필요가 있다. 너무 솔직하게 "무엇 때문에 구성원들의 불만이 많으니 개선해 주십시오"라고 한다면 그 누가 듣기 좋아할까? 용기를 내는 것도 중요하지만, 어떻게 내느냐도 중요하다. 한 번 이렇게 말해 보면 어떨까?

"요새 무엇 때문에 구성원들의 불만이 있어 내부적으로 논의를 했습니다. 만약 이런 조치를 취한다면 구성원들의 사기도 오르고, 조직적인 측면에서도 좋은 효과가 기대됩니다. 어떻게 생각하시는지요?"

조직은 리더의 희생을
연료로 사용한다

"내가 의로운 군사를 일으킨 이래 전쟁 중 죽어 대를 잇지 못하는
병사가 있다면 친척을 찾아내어 대를 잇게 하고, 토지를 나누어
주고, 농사짓는 소를 지급하고, 그 자식을 교육하게 하라."
– 202년(47세), 원소와의 관도 대전 승리 후

리더는 팀을 위해 많은 시간과 노력을 쏟아야 한다. 그러다 보면 개
인적으로 희생해야 하는 부분이 생긴다. 바로 시간이다. 농구 감독
닥 리버스도 마찬가지였다.

그는 보스턴 셀틱스 감독 시절 2008년 파이널에서 당시 최강의 실
력을 자랑했던 LA 레이커스를 꺾고 우승한 명장이다. 동시에 그는

다섯 아이의 아버지기도 했다. 그는 아이들의 행사에 자주 참여하지 못했고, 머릿속에는 늘 농구에 대한 생각이 가득했다. 감독은 다섯 아이가 아니라 다섯 명의 선수들, 그리고 다른 후보 선수, 스탭, 팬 등 다양한 사람들의 요구에 맞추기 위해 가족과의 시간을 희생할 수밖에 없었다.

조조도 마찬가지였다. 그는 거의 평생을 전장에서 보냈다. 20대에는 그나마 평온하게 벼슬을 하며 보냈지만, 30대에는 황건적의 난을 토벌했고 30대 중반에는 반동탁 연합군에서 선봉으로 나섰다. 이후 원소, 원술, 여포와의 전쟁은 원소의 자식들까지 이어지면서 40대를 온통 이들과 대적하며 보내야 했다. 50대는 또 어떤가? 적벽 대전이 있었고, 관중 지역에서 마초, 한수와 겨루고, 먼 서쪽인 한중 지역에서 유비와 붙었고, 손권은 틈만 나면 남쪽에서 그를 괴롭혔다.

조조가 60대 중반의 나이에 세상을 떠난 것도 가족이 거주한 기주의 업성이 아닌 황량한 낙양성에서였다. 자식들도 아버지의 임종을 지켜볼 수 없었다. 화려한 침실보다 군막 안에서의 생활이 훨씬 더 길었다. 심지어 그는 죽기 전까지도 전쟁터를 누비고 다녔다. 그가 만약 말년을 편하게 보내기 위해 황제를 쫓아내고 원술처럼 황제를 자칭했다면 그의 세력은 진작 망했을 것이다.

물론 희생정신만 있었던 것은 아니다. 이는 그가 관도 대전 승리 후 내린 영을 보면 알 수 있다. 그는 장수와 병사들을 독려하기 위해 다음과 같이 말했다.

"옛 고향의 백성은 대부분 죽었고, 나라 안에서 아는 사람을 만나기 어려우니 비통하기 그지없다."

그러면서 자신을 따라 의병에 참여한 장수와 병사들의 후사를 걱정했다. 이들의 대가 끊기지 않도록 나라에서 신경 쓰고, 남은 자식들은 교육 시설에서 교육을 시키고, 조상에게도 제사를 지내도록 했다. 이러한 배려심은 부하들의 헌신과 충성을 자아냈다.

조조보다 500여 년 전에 먼저 태어난 오기라는 인물이 있다. 그는 《오자병법》을 저술한 전국 시대 명장이다. 오기는 위나라의 장군으로 있을 때 강력한 진나라에 맞서 한 번도 패한 적이 없었다. 겨우 5만 병사로 진나라의 50만 대군을 물리치기도 했다. 그가 만약 모함으로 초나라로 망명가지 않았다면 중국의 역사는 바뀌었을 것이다. 그만큼 진나라는 오기 때문에 진땀을 흘려야 했다.

오기의 백전백패는 뛰어난 용병술뿐만 아니라 병사들과 혼연일체가 된 덕분이기도 하다. 그는 병사들과 똑같이 입고, 먹고, 잤다. 심지어 행군할 때도 병사와 같이 걸었다. 오기의 유명한 일화가 있다.

어느 날 오기는 병사의 등에 종기가 났다는 말을 듣고 직접 입으로 고름을 빨아주었다. 이 소문을 들은 다른 사람들은 장군의 은덕을 칭송하며 병사의 어머니를 부러워했다. 병사의 어머니는 그 이야기를 듣고 눈물을 흘렸다. 사람들은 그녀가 장군의 은덕에 감격해 우는 것이라고 생각했지만, 그녀의 눈물은 다른 의미였다.

"아이의 아버지도 오기 장군이 고름을 입으로 빨아 준 후 목숨을 걸고 전쟁터에서 싸웠어요. 그러다 죽고 말았죠. 이제 우리 아들도 장군을 위해 목숨을 걸고 싸울 테니 저는 자식을 잃은 것과 다름없네요."

이렇듯 조조와 오기는 병사들과 함께 호흡하며 전쟁터에서 많은 시간을 함께 했다. 그들은 희생을 통해 더 값진 결과물을 만들어 냈다. 어떤 리더라도 마찬가지다. 구성원들이 서로 합심할 수 있도록 의견을 모으고, 꾸준히 소통하고, 마음 상태도 헤아려야 한다. 이는 결국 투자한 시간에 비례하기 마련이다.

리더의 시간은
조직을 위한 것이다

내가 아는 어떤 리더들은 가사와 육아를 병행하며 동시에 온라인 또는 오프라인 모임도 운영한다. 그분들은 꿈을 이루고자 하는 사람들과 독서 모임을 진행하고, 지식과 경험을 공유한다. 모임에 참여하고 운영하려면 많은 시간과 노력이 필요하다. 어떤 물질적인 이익을 바라지 않기 때문에 더욱 존경스러울 따름이다. 희생 정신이 없다면 할 수 없는 일이다.

만약 리더로서 다른 이들에게 많은 시간을 할애하는 것이 맞는 일인지 고민이 된다면 이 점을 명심했으면 한다. 헌신과 배려는 리더의 책임과 의무다. 또한 희생에는 더 큰 목표를 이루기 위한 선한 영향력이라는 목적성이 있어야 한다. 결국 마음 깊은 곳에서 보람을 느끼지 못한다면 그러한 희생은 값진 희생이 아닌 일방적인 희생이 된다.

나의 마음도 불만으로 가득 찰 것이다.

선한 영향력을 통해 다른 사람들의 삶이 나아지고 나의 영혼도 정화되고 구제된다면 그야말로 일석이조가 아닐까? 만약 그런 마음이 들지 않는다면 차라리 리더의 자리에서 내려오는 것이 낫다. 그것이 모두를 위하는 길이다. 배려심도 마찬가지다. 나의 배려를 통해 조직이 오래 지속된다면 이보다 더 큰 기쁨은 없을 것이다. 희생과 배려는 조직을 움직이는 윤활유와 같은 존재다.

우승에 목말라 있던 보스턴 셀틱스에 폴 피어스, 케빈 가넷, 레이 앨런이라는 스타급 선수 세 명이 동시에 영입되었다. 문제는 이들 모두가 마이클 조던 같은 '리더형 플레이어'였다는 것이었다. 이때 감독은 다음과 같이 이야기했다.

"우리가 이기려면 변해야 한다. 매번 슛을 쏘고 싶다면, 팀을 잘못 고른 것이다."

감독은 아프리카에서 사람들 간의 관계와 헌신을 뜻하는 '우분투(Ubuntu)'를 팀의 구호로 정했다. 선수들은 경기에서 서로에게 결정적인 기회를 양보하며 승리를 일구었다. 리더에게도 이러한 우분투 정신이 필요하다.

말이 달릴 때
더 채찍질하라

"이제 보름만 지나면 원소를 쳐부술 것이다. 다시는 그대들을 수
고롭게 하지 않을 것이다."

– 200년(45세), 관도 대전 중 식량을 운반하는 병사에게 한 말

스포츠 경기에서 중요한 것 중 하나가 바로 흐름이고 기세다. 야구
에서도 9회 말 2 아웃부터 시작이라는 말이 있듯, 흐름은 언제든지
바뀔 수 있다. 한번이라도 제대로 기세에 올라탄다면 얼마든지 역전
하고 승리할 수 있다. 그러므로 흐름이 오는 그 순간을 잘 인지하고
이용할 줄 알아야 한다.

미국의 전설적인 야구 선수 요기 베라는 가장 성공한 외야수, 포수,

감독으로 불린다. 그는 뛰어난 투수 리드와 타격 실력으로 메이저리그에서 활약한 19년 동안 14차례나 월드 시리즈에 진출해 10개의 우승 반지를 꼈다. 하지만 그의 감독으로서의 삶은 그다지 명예롭지 못했다.

그가 뉴욕 메츠의 감독을 맡고 있을 때 팀은 꼴찌를 달렸다. 한 기자가 이미 시즌이 다 끝난 것이냐고 질문하자 그는 "끝날 때까지 끝난 게 아니다"라고 톡 쏘아붙였다. 그의 말처럼 팀은 모두의 예상을 뒤엎고 기적적으로 월드 시리즈 결승에 진출해 7차전까지 가는 접전을 벌였다. 비록 마지막 경기에서 패했지만 팀은 누구도 예상하지 못한 명승부를 펼쳤고, 그의 이 한마디는 지금까지 전해져 오는 명언이 되었다.

인생을 가늘고 길게 사는 것도 방법이지만 때로는 과감한 승부를 던질 줄도 알아야 한다. 살면서 세 번의 기회가 찾아온다는 것은 결코 실없는 소리가 아니다. 누구든지 그런 기회가 찾아온다. 이때 승부를 거는 사람들이 있는 반면 애써 무시하다 놓치는 사람들도 많다. 과감한 승부수가 꼭 성공한다는 보장은 없다. 하지만 확률은 언제나 50 대 50이다. 성공하는 사람과 아닌 사람은 바로 그 실행력의 차이에서 판가름 난다.

조조가 청주병이라는 정예병을 거둔 즈음 원소와 원술 형제 사이에 불화가 생겼다. 원술은 하북의 공손찬에게 구원을 요청했고 공손찬은 유비, 단경, 도겸을 주변에 주둔시켜 원소를 압박하고자 했다. 하지만 이들은 원소와 조조를 당해 낼 재간이 없었다. 그들의 강력한 군대는 모두를 가볍게 제압했다.

원술의 군대는 뿔뿔이 흩어졌지만 그는 주변의 흑산족과 흉노족 등 가리지 않고 세력을 규합했다. 하지만 그렇게 모인 오합지졸은 조조의 뛰어난 용병술로 무장한 용맹한 청주병을 당해 낼 수 없었다. 원술은 계속 연전연패하며 남으로 남으로 피신을 가 예주 남쪽 구강까지 이르렀다. 이후 원술은 다시는 재기하지 못했다.

몇 년 후 조조는 원소와도 결별했다. 세상에 두 마리의 용이 존재할 수 없듯 애초부터 이들은 같은 하늘 아래에서 살 수 없는 관계였다. 그만큼 서로 야망이 컸기 때문이다. 하지만 하늘은 조조의 손을 들어주었다. 관도 대전 승리 후 그는 원술의 군대를 휩쓸었던 것처럼 원소의 잔당들을 소탕했다. 원소는 호족 세력의 기반이 막강했기 때문에 호족들을 정복하는 것이 만만치 않았다. 조조의 부하들은 이미 병사들이 많이 피로했기 때문에 후방으로 퇴각해 정비하기를 원했다. 하지만 그는 지친 병사들을 격려하며 마침내 원소 세력의 뿌리를 뽑았다.

기세를 타는
순간과 결정

마이크로소프트가 애플을 제치고 시가 총액 1위에 등극한 것도 이와 같다. 사실 구글은 AI 개발에서 선두 주자였지만, 이들은 인공 지능을 상업화하는데는 주저했다. 여러 가지 윤리적인 문제가 있었기 때문일 것이다. 반면 마이크로소프트는 남들보다 빠르게 시대의 흐름을 주도했다. OpenAI에 지분 투자를 했고 운영 체계를 보다 스마트하게 만들었다. 반면 애플은 하드웨어의 강자로서 생태계를 구축하는 데는 성공했지만 AI에 대한 투자는 한발 늦었다. 오죽하면 구글과 애플의 CEO들에 대한 경질설까지 나올 정도였다.

컨설턴트 사이먼 시넥은 《인피니티 게임》에서 "리더라면 '유한 게임'이 아닌 '무한 게임'에 집중해야 한다"라고 역설했다. 유한 게임은 회사의 재무 상태와 주가에만 집중해 한정된 시장에서 땅따먹기하는 것을 말한다. 반면 무한 게임은 시장의 무한한 성장 가능성을 생각해 회사의 장기적 가치를 높이는 데 집중하는 것을 말한다. 이를 통해 얻는 금전적 혜택은 부차적인 결과일 뿐이다. 무한 성장 가능성에 기반한다면 회사는 성장 기세에 더 집중할 것이다. AI 분야는 황금이 가득한 엘도라도나 언제 꺼질지 모르는 버블 중 무엇이든 될 수 있지만, 향후 다양한 분야에서 성장 가능성이 무한하다는 점에서는 이견의 여지가 없다.

리더는 수많은 의사 결정을 해야 하지만 가장 중요한 순간은 바로 기세를 타느냐 마느냐의 갈림길이다. 삼성 그룹 이병철 회장이 반도체에 투자한 순간이 그랬고, SK 그룹의 M&A에서는 1980년 대한석유공사(현 SK 이노베이션), 1994년 한국이동통신(현 SK 텔레콤), 2012년 하이닉스 반도체 인수가 그 순간이었다. 특히 반도체 사업은 수조 원에서 수십조 원이 투입되는 대규모의 사업이다. 그룹 전체의 운명을 좌우할 수도 있기 때문에 큰 결단이 필요했다.

기술과 원가 경쟁에서 승리하는 업체는 그 기세를 타고 선두권으로 도약할 수 있지만 그렇지 않은 업체들은 도태된다. 어느 한쪽이 양보하지 않으면 양쪽 모두가 피해를 보는 치킨 게임도 마찬가지다. 이 치열한 게임에서 승리했다고 자만하면 안 된다. 유한 경쟁만 염두에 두고 시장을 한정적으로 본다면 기세는 약해질 것이고 자칫 무한 경쟁 시대에서 경쟁력을 상실할 수도 있다.

리더라면 구성원들을 독려해 좋은 결과물을 만들어야 하고, 한번 기세에 올라탔다면 계속해서 전진해야 할 것이다. 물론 피로감이 증가하면 내부에서 반발이 생길 수도 있다. 그럴 때일수록 대화를 통해 소통하고 일의 부담을 인지하고 격려하며 최적화된 방향을 찾는 것이 필요하다.

확실한 순간과
확실한 결정은 없다

"병사들에게 막대기를 물린 뒤 땔감을 준비하도록 하고, 말발굽
은 소리 나지 않도록 잘 감싸야 한다."
– 200년(45세), 허유의 말을 믿고 원소의 식량 창고를 급습할 때

결정을 내리기 어려운 이유는 불확실성 때문이다. 사업에 대한 결
정을 내릴 때는 성공 확률이 불투명한 경우가 대다수고, 확률이 50%
가 채 안 될 때도 많다. 그러다 보면 자꾸 결정을 미루게 되고 승부의
타이밍을 놓치게 된다. 수많은 책과 미디어에서는 실패를 두려워하
지 말라고 한다. 하지만 어찌 그게 말처럼 쉬운 일인가? 실패에 대한
부담이 크지 않다면 모르겠지만 한 번의 실패로 모든 것을 잃을 수 있

는 상황이라면 두려움은 더욱 커질 수밖에 없다.

관도 대전이 바로 그러했다. 이번 원소와의 전쟁에서 패한다면 조조는 중원의 강자가 되기는 요원할 것이었고, 천자마저 빼앗기면 그의 세력은 영영 사라질 터였다. 관도 대전은 둘의 평생의 운명을 좌우할 중요한 전쟁이었다.

《손자병법》에서는 싸움의 일곱 가지 조건을 제시한다.

첫째, 군주는 어디가 정치를 잘하는가?

둘째, 장수는 어디가 유능한가?

셋째, 기상과 지리는 어디가 유리한가?

넷째, 법령은 어디가 철저하고 잘 준비되었는가?

다섯째, 군대는 어디가 우수한가?

여섯째, 병사는 어디가 훈련이 잘되어 있는가?

마지막으로, 상벌은 어디가 공정한가?

이 중에서 조조가 원소보다 앞선 부분은 그다지 많지 않았다. 다만 그의 승부사 기질과 판단력은 원소를 훨씬 능가했다. 장안으로 천도하려는 동탁의 군사들을 홀로 추격했고, 애초에 천자를 모셔 온 것을 봐도 알 수 있다. 두 배의 군세를 자랑하는 원소와 붙은 배짱도 주목할 만하다.

하지만 전쟁은 냉정하다. 대군과 풍족한 식량, 우수한 장수와 참모를 갖춘 쪽이 유리할 수밖에 없다. 원소는 조조의 진지 앞에 마치 만리장성 같은 흙산을 쌓았다. 산 위에서 조조의 진지를 바라보며 화살로 맹공을 퍼부으니 조조의 병사들은 진영 안에서도 방패를 들고 다닐 지경이었다.

부상을 입은 병사가 속출했다. 더 큰 문제는 식량이었다. 식량이 점차 고갈되고 있었다. 심지어 후방 여러 군데에서 반란이 일어나고 있었고, 조조 진영 내부에서도 원소 쪽과 내통하는 사람들이 생겨났다. 아무런 호재가 없는 가운데 승리의 여신이 조조에게 희미한 미소를 지었다. 조조의 옛 벗인 허유가 원소 진영에서 탈출해 그에게 귀순한 것이다.

"난 첩자가 아니오, 조조를 만나러 왔으니 어서 아뢰어라."

밖에서 소란이 일어나자 조조는 그 목소리가 귀에 익었다. 그는 너무 기쁜 나머지 맨발로 뛰쳐나갔다.

"오, 나의 벗 허유가 아닌가?"

조조는 원소의 사정을 훤히 알고 있는 허유가 너무나도 반가웠다. 허유는 원소의 진영에서 잘못을 저지르고 도망 온 것이었다. 하지만 승리에 목말라 있는 상황에서 사소한 사연은 중요하지 않았다.

허유는 조조의 군량미 사정이 좋지 않다는 것을 알고 있었고, 그에게 승부수를 제안했다. 바로 원소의 식량 창고가 있는 오소를 공격하라는 것이었다. 그는 순간 의심이 들었고, 장수들도 반대했다. 예전에 진궁의 계교에 속아 복양성에서 여포에게 죽을 뻔하지도 않았던

가? 하지만 순유는 이렇게 말했다.

"장군, 이번 기회는 하늘이 주신 것입니다. 놓쳐서는 안 됩니다."

조조는 마침내 결단을 내렸다. 조홍에게 남아 진영을 지키게 하고, 직접 5,000명의 보병과 기병을 지휘해 맹렬히 쳐들어갔다. 원소의 장수 순우경은 급작스러운 습격에 패퇴했다.

물론 결과론적으로는 쉽게 말할 수 있지만, 적진을 뚫고 깊숙히 들어간다는 것은 보통의 담력으로는 결코 할 수 없는 행위였다. 자칫 장수와 병사들이 모두 목숨을 잃을 수도 있는 상황이었다. 하지만 조조와 그의 병사들의 용맹스러움은 승부수에 더욱 확신을 불어넣었다. 오소 습격은 반격의 서막이 되는 전투가 되었다.

조조는 승부수를 던져 원소의 세력을 물리치고 마침내 중원의 최강자가 되었다. 하지만 그 시작에는 불확실성 속에서 내린 결단이 통했기 때문이다. 더 주목할 것은 그의 솔선수범하는 자세였다. 그는 이 승부를 확실하게 만들기 위해 목숨을 걸고 직접 전장에 나섰다. 그 정도의 각오를 갖고 전쟁을 치렀기 때문에 병사들도 그와 마찬가지의 마음가짐을 갖게 된 것이다.

반면 원소는 큰 기회를 놓쳤다. 관도 대전 이전 조조가 후환을 제거하기 위해 동쪽의 유비를 정복하러 군대를 동원했을 때다. 이때 원소의 모사인 전풍은 지금이 절호의 기회라며 조조의 배후를 습격하자고 했다. 하지만 원소는 아들의 병을 이유로 거절했다. 이때 전풍은 지팡이로 땅을 두드리며 이렇게 한탄했다고 한다.

"얻기 어려운 기회를 고작 어린아이의 병 때문에 놓치는구나."

물론 원소가 단지 아이의 병 때문에 군대를 일으키지 않은 것은 아닐 것이다. 천자가 있는 허도를 공격하기 위해서는 그만한 명분이 필요한데, 아직 이렇다 할 명분이 없었기 때문이다.

도박과 승부수
종이 한 장의 차이

아마존이라는 거대한 유통 회사를 만든 제프 베이조스의 시작은 초라했다. 그는 월스트리트의 유명한 헤지펀드 디이 쇼에서 고액의 연봉을 받고 있었다. 그런데 30살에 돌연 사업가가 되겠다며 회사를 그만두었다. 성공의 확률은 아무도 몰랐다. 그렇게 승부수를 던진 그도 그렇지만, 당시 그를 따른 24살의 아내도 대단했다. 1994년, 뉴욕에서 시애틀까지 아내가 운전을 하는 동안 그는 노트북으로 재무 모델을 돌렸다.

그는 집 차고에서 나무 문짝으로 책상 두 개를 직접 만들었다. 이후 아마존에서는 신입 사원이 입사하면 문짝 같이 생긴 책상을 줘서 'Day 1'의 마음가짐을 갖도록 한다. 이들의 모토는 "빠르게 성장하라"는 것이다. 아마존은 온라인 쇼핑몰로 고성장하며 오프라인 서점 시장도 잠식했다. 당시 대세 서점 반스 앤 노블과도 소송이 벌어졌다. 1886년에 설립된 이 유서 깊은 회사에게는 아마존의 급성장이 큰 위협으로 느껴졌을 것이다.

조조와 베이조스는 불확실함 속에서 승부를 던졌다. 물론 이것이 성공의 방정식이 될 수는 없다. 조조도 동탁의 군대를 쫓다가 죽을 뻔했고, 베이조스도 1999년 〈타임〉지에서 올해의 인물로 표지를 장식했지만 2000년 닷컴 버블 때 아마존은 망하기 직전이었다. 《뉴욕타임스》기자 브래드 스톤은 《아마존 언바운드》에서 이때의 상황을 생생하게 묘사했다.

"직원들은 불안에 떨고 있었지만 베이조스의 혈관에는 마치 얼음물이 흐르는 것처럼 좀처럼 동요하지 않았다."

마침내 아마존은 2001년에 온라인 서비스 업체로부터 자금 1억 달러를 긴급 수혈했고, 2003년에 다시 흑자로 돌아설 수 있었다.

성공과 실패는 공존한다. 대중은 어떤 기업이 M&A에 성공하면 승부사적인 기질이라 찬양하고, 실패하면 무리한 판단이었다 평가 절하 한다. 불확실성 속에서 승부를 던지는 것은 결코 쉬운 일이 아니지만 그것이 리더의 역할이다. 적어도 조조는 성공했고, 베이조스도 지금까지는 그 방식이 제대로 먹혔다.

선택지를
전부 보라

"조조가 천자를 영접하려고 하자 장군들 중에 반대하는 자가 있었다. 그러나 순욱과 정욱이 조조에게 권했기 때문에, 조홍에게 병사를 이끌고 서쪽에서 천자를 영접하도록 했다."
– 196년(41세), 조조가 천자를 허도로 모셔 오기로 결정한 후

더 높은 레벨로 오르기 위해 해야 할 일은 바로 결단이다. 현재에 안주하며 결정을 내리지 못한다면 좌초될 수 있다. 다른 사람들은 열심히 달리고 있는데 나만 걸어가고 있다면 더욱 그럴 것이다. 결국 리더는 판단하고 결정해야 한다.

결정에 대한 책임은 리더의 몫이다. 그래서 리더의 자리는 쉽지 않

다. 많은 혜택을 누릴 수 있지만 세상에 공짜란 없고, 항상 대가가 따른다. 언제든지 자리를 비우고 내려올 수 있다는 점도 염두에 둬야 한다.

조조의 일생을 돌이켜봤을 때 그가 다른 군벌들과 다르게 높이 도약할 수 있었던 가장 큰 분수령은 바로 한나라 최후의 황제인 헌제를 허현으로 모셔 온 것이었다. 이러한 아이디어는 그만 갖고 있었던 것은 아니다. 원소의 참모 중 저수도 헌제를 모셔 오자고 주장했다. 당시 가장 강력한 세력을 자랑하던 원소에게 황제까지 얹어진다면, 그가 천하를 통일할 확률이 더욱 높아지는 것이었다.

하지만 다른 참모들은 반대했고 원소도 그것을 원하지 않았다. 자칫 자신이 누리고 있는 권력을 놓칠 것을 염려했기 때문이다. 하지만 조조는 조금 더 큰 그림을 보았다. 크게 세 가지 이유에서였다.

첫째, 그에게는 더 많은 인재가 필요했다.

원소의 세력은 조조보다 적어도 2배 이상이었기 때문이다. 황제 옹립은 인재들을 조정에 귀의한다는 명분으로 자신의 세력으로 들이는 기회가 될 수 있었다.

둘째, 대의명분이다.

황제를 옆에 데리고 있으면 그곳이 바로 조정이 된다. 군벌들을 토벌하더라도 그것은 황제의 군대가 나서는 것이었다. 당연히 장수와 병사들도 더 용기백배할 것이고 조정에 저항하는 상대는 반역자가 된다.

마지막으로, 그가 내리는 명이 바로 황제의 명이 된다.

그 누가 조정의 명을 거역할 수 있을까? 조조에게 황제를 옹립하는 것은 성공하기만 하면 더할 나위 없는 좋은 도전이었다.

당시 상황으로 잠시 돌아가 보자. 조조는 연주에 터전을 마련한 후 서주를 정복하러 나섰다가 연주의 반란으로 진퇴양난을 겪었다. 다행히 여포와 진궁을 몰아낸 후 연주를 다시 안정화했으나, 연주는 원소의 기주와 맞닿은 곳이었기 때문에 거점으로 삼기에는 부담이 컸다. 그가 눈길을 돌린 곳은 바로 남쪽의 예주였고, 그 중심에 허현이 있었다. 그는 이주를 계획했는데, 부하들 중 상당수가 연주 출신이라 고민이 되었다. 부하들은 당연히 고향을 떠나고 싶지 않을 터였다.

어느 날 순욱은 참모들과의 회의가 끝난 후 조조에게 넌지시 물어봤다.

"장군, 혹시 거점을 연주에서 예주로 옮길 계획이신지요?"

조조는 순간 깜짝 놀란 눈으로 그를 바라보았다.

"내가 그대의 눈을 속일 수는 없구려. 연주는 이미 전란으로 황폐화되었고, 천자가 계신 곳과 너무 머네. 원소와도 접경 지대이니 우리의 본거지로는 적합하지 않네. 더군다나 연주와 예주는 지세가 험하지 않아서 주변의 공격을 받기에 딱 적합하네. 이제 누가 나를 도와줄 수 있겠는가?"

순욱은 그의 한탄 어린 목소리를 듣고 드디어 평소 생각한 바를 피력했다.

"지금 사군을 도울 수 있는 사람은 딱 한 분, 바로 천자입니다. 천자의 조서가 있다면 그 누구도 사군 곁으로 불러들일 수 있습니다."

조조가 결단을 내리는 데는 그렇게 오랜 시간이 걸리지 않았다.

"맞네. 이제 천자를 모셔올 때가 되었네. 우선 황제에게 드릴 표장을 작성하지."

황제도 많은 일을 겪고 있었다. 헌제는 동탁에게 끌려가 장안으로 강제로 이주할 수밖에 없었다. 동탁이 살해된 후에는 부하 이각과 곽사에 의해 농락당했다. 그는 우여곡절 끝에 낙양으로 대피했지만 이동에만 1년 가까이 걸렸다. 도중에 마음을 바꾼 이각과 곽사가 추격하자 도적들과 남흉노의 도움을 받아 간신히 물리칠 수 있었다. 무능한 아버지 영제의 업보를 자식인 헌제가 치른 것이다.

이들이 황하에 이르러서 강을 건널 때는 단지 수십 명만 건널 수 있었고, 나머지는 이각의 군대에게 잡히거나 살해당했다. 하지만 그렇게 힘들게 찾아온 낙양은 6년 전의 낙양이 아니었다. 황량하고 황폐해진 낙양에는 더는 황제의 거처를 마련할 수 없었다. 결국 황제는 자신을 지켜 줄 믿을 사람이 필요했다. 선택지가 많지는 않았다. 원소와 원술은 황제의 죽음을 원했고, 서쪽 익주의 유장은 이미 자신의 세력을 확보해 굳이 황제를 원하지 않았다. 여포는 지략이 부족하고 터전도 불안정했다. 형주의 유표는 종친이라 믿을 만했지만 조조의 땅을 지나가야 했다.

결국 조조는 황제와 손을 잡아 마침내 천하의 대세가 될 수 있었다. 가장 중요한 순간에 결단을 내렸기 때문이다. 그는 연주와 예주를 정복한 후에도 현실에 안주하지 않았다. 반면 유표는 형주에, 유장은 익주에 안주했다. 그들의 세력이 도태되는 것은 시간 문제였다.

한순간의 결단이
평생을 좌우할 수도 있다

과거의 성공에 빠져 있다 보면 변화를 위한 결단을 내리기 어렵다. 매출과 이익을 꾸준히 올리고 있지만, 성장성이 잘 보이지 않는 기업들이 있다. 마나비디자인 CEO 아라키 히로유키는《잘나가던 기업이 왜 망했을까?》에서 실패한 25개 기업의 사례를 들며 교훈을 제시했는데, 우리는 "매출 증가는 수많은 문제점을 감춘다"라는 말에 집중할 필요가 있다.

히로유키는 일본 메모리 반도체 업체 ELPIDA를 대표적인 기업 사례로 꼽았다. 이 회사의 사카모토 전 사장은 자금줄뿐만 아니라 NEC와 히타치의 합작 후 회사 내부 정치가 심했다고 술회했다. 목소리가 합쳐지지 못하니 기술 경쟁에서도 뒤처져 결국 2008년 리먼 사태, 엔화 강세, 디램 메모리 가격 폭락 등 외환을 겪으면서 내우외환으로 무너지고 말았다.

과거 카메라 필름과 폴라로이드 사진기를 만들었던 코닥도 대표적인 사례다. 창업자 에드윈 랜드는 스티브 잡스가 존경할 정도의 혁신가였지만, 이 회사는 1995년 디지털 카메라의 출현으로 결국 급격히 몰락의 길을 걸었다. 사실 코닥은 이미 디지털 카메라 기술력을 확보하고 있었음에도 여전히 필름 사업 수익에 안주했다. 그런데 이야기는 여기서 끝나지 않는다. 2008년 이후 본격화된 스마트폰은 디지털 카메라 시장까지 잠식했다. 그렇다면 스마트폰 성공의 과실을 제대로 즐긴 애플의 미래는 또 어떻게 될까? 그들도 제2의 코닥이 되지 말라는 법은 없다.

리더는 늘 미래의 성장을 위해 고민하고 결단을 내려야 한다. 현재의 성취에 안주하다 보면 다가오는 위기에 대비할 수 없고, 성장의 기회를 놓치게 된다. 물론 변화를 거부하는 사람들의 강력한 저항에 직면할 것이다. 그래도 멈춰서는 안 된다.

살면서 우리는 수많은 판단과 선택을 해야 한다. 그것이 맞든 틀리든 말이다. 가장 안 좋은 경우는 미루는 경우다. 경영 철학자 라인하르트는 《궁극의 차이를 만드는 사람들》에서 "한번 생각해 봅시다라는 말은 옛말이고, 이제는 한번 시도해봅시다로 바꿔야 한다"라고 강조했다. '적당한 때'란 결코 오지 않기 때문이다. 생각만 하다가 타이밍을 놓친다면 좋은 기회를 잡지 못한다. 가장 피해야 할 말이 "나중에 한 번 보자"다.

누군가 기억하고 챙긴다면 다행이지만, 잊어버리면 같은 실수를 되풀이할 수밖에 없다. 어떤 논의를 했다면 언제까지 다시 보고 결정을 내리자는 데드라인이 있어야한다. 좋은 리더의 자질을 갖추기 위해서는 파악하고, 결정하고, 실행해야 한다. 어느 분야에서든 마찬가지다. 지금의 나는 어떤지 한번 돌아보자. 나는 결정을 미루기를 좋아하는가? 아니면 반대로 너무 성급하게 결정을 내리는가?

긴 생각은 행동을 미루고
짧은 생각은 실패를 앞당긴다

"이놈은 가장 믿지 못할 놈이다."

– 199년(44세), 조조가 여포의 하비성을 물바다로 만든 후 그를
생포했을 때

공자는 "군자는 우선 실행하고, 그 말이 이후에 따르게 한다"라고
강조했다. 공자가 인과 예의 정신을 주창했다고 다들 생각하지만 그
가 정작 중요시한 것은 그러한 정신을 '실체화'하는 것이었다. 아무리
인과 예가 중요하다 해도 이를 실행하지 않으면 아무런 의미가 없다.
공자는 당시 정치인들이 군자가 되길 바랐다. 군자라면 신하와 백성
을 아끼고 평화롭고 행복한 국가를 만들 것이라고 믿었기 때문이다.

하지만 안타깝게도 당시 춘추 시대 말기 정치인들은 약소국을 침략하고 더 큰 영토를 차지하는 데만 관심이 많았다. 공자가 나고 자란 노나라의 실세였던 세도가 가문들도 백성들에게 과중한 세금을 부가하며 자신들의 안위만 신경 썼다.

아무리 좋은 사상도 실현이 안 되면 일장춘몽과 다름없다. 그런 면에서 조조는 자신의 꿈인 천하통일로 세상을 다시 평화롭게 만들기 위해 불철주야 노력했다. 원소와 대적하기 전 그가 처리해야 할 가장 큰 경쟁자는 바로 원술과 여포였다.

조조가 황제를 허도로 모셔 온 후 원술은 자충수를 두고야 만다. 스스로 황제의 자리에 오른 것이다. 황제를 모시고 있던 그에게 원술은 만인이 공격해야 할 반역자가 되었다. 그는 원술을 단숨에 공격해 무찔렀다. 원술은 모든 장수와 군대를 총동원했지만 애당초 조조의 상대가 안됐다. 역사서는 "원술은 회수를 건너 도망쳤고, 조조는 허도로 돌아왔다"라고 기술한다.

다음은 서주의 여포였다. 남의 근거지를 빼앗는 데 능수능란한 여포였지만 이제는 더 이상 도망갈 곳이 없었다. 여포는 조조가 꼭 처리해야 할 대상이었다. 무력은 당대 최고였고, 조조의 모사였던 진궁이 참모 역할을 하고 있었다. 휘하에 장료와 고순 같은 맹장뿐만 아니라 병주 출신의 정예병도 즐비했다. 특히 고순의 용맹함은 대단했다. 그는 유비를 쳐부수고 구원에 나선 하후돈도 물리쳤는데, 하후돈은 바로 이 전투에서 한쪽 눈을 잃고 말았다.

천혜의 요새 하비성을 차지하는 것은 결코 쉽지 않았다. 하지만 조조는 순유와 곽가의 계책을 받아들여 하비성을 물바다로 만들었고, 마침내 부하의 배반으로 여포는 패배하고 말았다. 조조는 워낙 인재를 아꼈기 때문에 포로가 된 여포를 앞에 두고 갈등했다. 여포의 무력을 얻을 수만 있다면 앞으로 원소와의 대전에서도 큰 도움이 될 터였다. 그는 마지막으로 옆에 있던 유비에게 의견을 물었고, 유비는 다음과 같이 이야기했다.

"명공께서는 여포가 정원과 동탁을 섬기는 것을 보지 않았습니까?"

즉 여포가 양아버지로 모시던 정원과 동탁을 배반한 것을 보면 투항을 받아 준다고 해도 다시 반란을 일으킬 수 있다는 점을 상기시킨 것이다. 결국 조조는 여포를 죽였다. 이후 그는 친히 군대를 이끌고 출정해 원술을 무찌르며 마침내 연주, 예주, 서주 지역을 안정화한 후 원소와의 전쟁에 대비할 수 있었다.

반면 남쪽에 형주를 점거한 유표는 어떠했는가? 형주는 결코 작은 지역이 아니었다. 전란을 피해 많은 명사가 모이고 있었다. 유표는 황족이었고, 뿌리를 정확히 알 수 없는 유비보다 근본이 확실했다. 그는 키가 8척이 넘고 자태와 용모는 위엄이 넘쳤다고 한다. 그는 자신만의 세력을 다지며 형주 지역을 잘 다스렸다. 장수를 활용해 형주의 변방을 지키며 조조의 힘을 빼게 했고, 이후 관도 대전 때 원소의 진영에서 달아난 유비를 거두어 그가 신야성을 지키도록 했다.

하지만 그는 결정적인 순간 주저했다. 조조가 모든 군대를 총동원해 원소와 관도 대전을 벌일 때였다. 유비는 이때를 놓치지 말고 조조의 후방을 공격해야 한다고 주장했지만 유표는 움직이지 않았다. 물론 여러 가지 계산이 있었을 것이다. 과연 원소를 돕는 것이 자신에게 유리할지 알 수 없었고, 조조를 적으로 만드는 것도 조심스러웠다. 조조는 이미 천자를 끼고 있었기 때문에 그가 결국 조정이었다. 반역자라고 매도할 만한 명분도 없었다. 오히려 원소를 치는 것이 더 명분에 맞았다.

유표는 타이밍을 놓쳤고, 결국 조조가 대거 남하할 때 아들 유종이 형주를 그대로 헌납했다. 이것이 바로 실행력이 강한 사람과 아닌 사람의 차이점이다. 그릇의 차이이기도 하다. 조조는 천하를 바라보았지만 유표는 형주만을 바라보고 있었다. 천하를 얻기 위해서 조조는 모험을 감행했고, 유표는 형주를 지키기 위해 모험을 하지 않았다.

조조군이 강해진 결정적 이유

농구 황제 마이클 조던보다 승부욕이 강한 사람이 있을까? 그는 경기를 이기기 위해서는 무슨 일이든 했다. 자신의 동료가 열심히 플레이하지 않으면 밥도 주지 말라고 이야기할 정도였다. 코트에서는 승부사, 팀 내에서는 독재자였다. 하지만 그를 미워하는 사람보다 존경하는 사람이 더 많다. 왜 그럴까?

이는 그의 승부욕이 결국 팀의 승리를 이끄는 데 큰 동력이 되었기 때문이다. 조던은 누구보다 코트에서 열심히 뛰었다. 강한 승부욕 때문에 팀이 패배하면 휴가를 반납할 정도였다. 어떤 사람들은 이러한 독종 같은 자세를 비난하기도 했지만 그의 승부욕은 자연스레 동료 선수들에게 전염되었다. 다큐멘터리 감독 필 잭슨은 〈라스트 댄스〉에서 다음과 같이 말했다.

"조던은 팀이 비시즌에도 훈련하도록 만들었다. 그는 '2인자가 아니라 챔피언이 되어야 한다. 우린 이번 여름을 바쳐야 한다'고 선수들을 독려했다."

성공한 리더들은 공통적으로 실행에 강하다. 물론 충분히 숙고의 시간을 갖는다. 생각하고 판단하고 결정한 후 실행에 옮긴다. 결과가 어떻든 꾸준한 실행을 통해 회사를 성장시킨다. 말처럼 쉽지는 않다. 실패는 두렵기 때문이다. 그래서 실행력을 기르기 위해서는 작은 실패를 해 보는 것도 도움이 된다. 시도와 실패의 반복을 거치며 어떤 방법이 가장 적정한지를 가늠하는 것이다.

조조의 군대가 강하게 된 것도 이와 같다. 그는 관도 대전이라는 메인 이벤트를 앞두고 수많은 전쟁을 치르면서 강해졌다. 동탁의 강력한 군대, 황건적, 도겸, 장수, 유표, 원술, 여포 등과 대적하면서 《손자병법》에 기반한 다양한 작전을 실전에 적용했다. 그중에는 성공한 것도 있고, 실패한 것도 있다. 생명이 위험해진 적도 있었다. 하지만 이를 통해 그는 더 많은 경험을 쌓고, 더 좋은 인재를 끌어들이며 가장 강력한 세력으로 자리매김할 수 있었다.

반면 유표는 인재를 끌어모으기만 할 뿐 활용하지 않았다. 제갈량이 형주에 피난을 가 있었지만 유표를 찾아가지 않은 이유이기도 하다. 결국 조조에게 죽임을 당한 여포는 어떤가? 실행력은 누구보다 뛰어났지만 그는 충분히 숙고하지 않고, 판세를 읽는 능력이 부족했다. 순간의 이익만 좇다 보니 결국 '믿을 수 없는 놈'이 된 것이다.

우리는 과연 어떠한가? 목표를 정해 실행하고 있는가? 아니면 지금도 계속 목표만 새로 정하고 있는가?

넘어진 김에
새로 시작하라

"현의 관리는 전사자가 있는 집 중에서 일거리가 없는 사람을 구휼하고 위로하라."

- 209년(54세), 적벽 대전 패배 후 다음 해 전사자가 있는 백성과 병사들을 위로하며

프레임이 무서운 점은 사람들이 수천 년 동안 조조와 유비에 대한 이미지에 갇혀 있다는 것이다. 조조는 한나라를 무너뜨린 악인, 유비는 한나라를 다시 세운 선인이라는 프레임이다. 그렇다 보니 후대에는 조조의 업적은 되도록 낮추고 간교함과 잔인함을 강조하며, 유비의 도량과 매력을 더욱 돋보이게 만들었다. 특히 원나라 시대로 넘어

오며 삼국지의 이야기는 더욱 극화되었고, 명나라 시대에는 유비 세력을 미화하는 이야기꾼이 대중의 사랑을 한 몸에 받았다.

극화를 하기 위해서는 극적인 장치가 필요했다. 그것이 바로 적벽 대전이다. 적벽은 막상 가 보면 생각보다 작은 규모에 실망한다고들 한다. 사실 적벽 대전은 조조, 유비, 손권이 함께 싸운 전쟁이라는 것 외에는 큰 의미가 없는 전쟁이다. 어떻게 보면 조조가 치른 수많은 전쟁 중 하나인 국지전에 불과하다. 오히려 끝내는 데 7년이나 걸린 원소와의 관도 대전이 조조와 한나라의 명운을 좌우한 사건이었다. 적벽 대전은 제갈량을 돋보이게 만든 가장 훌륭한 무대 장치로 작용했다.

그럼에도 적벽 대전은 조조에게 큰 좌절을 안겨 주었다. 그는 북쪽을 정리한 후 남쪽으로 눈길을 돌려 형주의 유표를 공략하기 위해 나섰다. 이전 해 조조는 오환족을 정복했고 원상과 원희는 요동의 태수 공손강에게 달아났다. 부하 중에는 이왕 나선 김에 요동을 정복해 원씨 형제를 처리하고 긴 전쟁을 마무리 짓자는 의견도 있었다. 하지만 조조는 이렇게 말했다.

"나는 공손강이 원상과 원희의 목을 베어 오도록 할 테니, 다시 번 거롭게 군사를 움직이지 말도록 해라."

이는 오환족 정복 때 건강을 해친 곽가가 세상을 떠나며 조조에게 남긴 시나리오이기도 했다. 궁지에 몰린 적을 계속 공격한다면 이들은 똘똘 뭉쳐 반격할 것이기 때문에, 공손강의 심리를 교묘하게 이용하기로 한 것이다. 공손강은 평소 원상과 원희를 두려워했고 이들 형제가 자신의 지역을 점령할지 모른다는 걱정도 했다. 하지만 당장 조조가 언제 공격할지 모르기 때문에 힘을 합칠 수밖에 없었다. 그래서 조조는 공세를 늦춰 이들이 서로 싸우도록 만들었다.

그의 예견은 적중했다. 공손강은 원상과 원희를 참수한 후 머리를 보내며 평화의 제스처를 취했다. 부하들은 그의 선견지명에 놀랄 수밖에 없었다. 물론 이는 평소 상대의 상황을 철저하게 파악하고, 머릿속으로 다양헌 시뮬레이션을 돌렸기 때문에 가능한 것이다.

기세만큼 중요한 것이 내실이다

200년에 시작된 원소와 그의 자식들과의 전쟁이 마침내 끝났다. 7년이 넘는 시간이 걸렸다. 이제 남쪽의 유표와 손권, 서쪽의 장로와 마초, 유장 등이 남았을 뿐이었다. 208년, 조조는 원소의 본거지였던 업성에 큰 연못을 만들어 수군을 훈련했다. 그동안 있었던 삼공 관직을 폐지하고, 자신은 최고 권력자 승상의 자리에 올랐다.

그의 나이 53세, 이제 그를 위협하는 세력은 없었다. 이미 중원 대부분을 평정했으니, 나머지는 변방 세력에 불과했다. 그해 7월 유표를 정복하러 남쪽으로 향했고, 유표는 병으로 갑작스레 죽었다. 그의 아들 유종이 양양성에, 유비는 최전방인 번성에 주둔했다. 그런데 조조가 접경 지대인 신야에 도착하자 유종은 바로 항복했다. 다소 허무한 결말이었다.

조조는 파죽지세로 유비를 쫓았고, 유비는 하구로 달아났다. 그는 더욱 남쪽으로 진군해 형주의 관리와 백성들을 안정시키며 민심을 수습했다. 그는 욕심을 부렸다. 과거 원희와 원상을 쫓아 오환족을 섬멸했던 것처럼 이번 기회에 유비 세력도 끝장을 보고 싶었다. 손쉽게 물리칠 수 있다는 자신감도 있었다.

하지만 과거와는 상황이 달랐다. 이번 전장은 거대한 장강을 끼고 있는 생경한 남쪽이었다. 북쪽 지방 출신의 병사들은 풍토에 익숙하지 않았고, 역병이 유행하며 조조는 많은 병사를 잃고 결국 퇴각하고 말았다.

"조조는 적벽에 도착하여 유비와 맞서 싸웠지만 형세가 불리했다. 때마침 전염병이 유행해 관리와 병사를 많이 잃었다. 그는 군대를 이끌고 돌아갔다. 드디어 유비는 형주와 강남의 여러 군을 차지했다."

이것이 정사에 기록하는 적벽 대전의 전부다. 너무나 무미건조하다. 이를 소설적 상상력으로 극대화한 나관중의 필력이 대단하다고 말할 수밖에 없다. 어쨌든 유비도 드디어 자신만의 터전을 형주에서 일구었다. 그의 나이 47세가 되었을 때다. 조조의 군대는 많은 전쟁으로 지쳤고, 그는 군사들과 그 가족을 위로하고자 했다.

"가족들은 슬퍼하고 백성은 뿔뿔이 흩어져서 떠돈다. 이를 어찌 기뻐하겠는가? 이는 부득이한 일이었다."

이후 그는 전사자가 있는 집을 구휼하고 위로했다. 이듬해에는 새로운 인재들을 모집했고, 마침내 조비를 후계자로 삼고 오관중랑장으로 임명했다. 적벽 대전 패배 후 그는 2년간 내실을 다졌다. 둔전제를 시행하고, 군사들을 훈련하고, 다시 나아갈 힘을 길렀다. 그는 눈앞에서 천하 제패의 꿈을 놓쳤지만, 포기하지 않고 새롭게 전력을 가다듬어 다시 일어섰다.

그가 결국 천하의 대세가 될 수밖에 없었던 것은 포기하지 않고 오뚝이처럼 일어나는 탄력성 덕분이다. 반면 원소는 정신적인 부분에서 무너졌다. 조조를 링의 코너로 밀어붙여 그로기 상태까지 몰아쳤지만 조조의 행운의 펀치 한 대에 쓰러졌다. 너무나 억울하고 속이 탔을 것이다. 결국 원소는 마음의 병이 심해져 쓰러졌다.

기세를 타고 성장하는 것도 중요하지만, 멈출 때는 멈출 줄 알아야 한다. 그것을 제대로 판단하는 것도 리더의 몫이다. 리더십에는 정답이 없다. 고속 성장이 필요할 때는 기세를 타고 나아가야 하지만, 어느 정도 안정기에 접어든다면 속도를 줄이고 성찰하는 시기도 필요하다. 원하지 않던 감속이라도 말이다. 그렇다고 변화와 성장을 멈추라는 이야기가 아니다.

우리는 수많은 고난을 만나 실패와 좌절을 겪는다. 가장 힘든 것은 영광스러운 순간 뒤에 찾아오는 좌절의 순간이다. 회사에서도 최고의 실적을 거두고 승승장구하다가 바로 다음 해에 최악의 실적을 겪으며 힘든 시기를 보낼 수 있다. 이때 포기하지 않고 새로 다시 시작하는 마음이 필요하다.

리더도 마찬가지다. 역경이 닥치더라도 마음을 다잡고 다시 일어날 수 있는 회복 탄력성이 필요하다. 혼자일 때는 그나마 괜찮지만 리더가 된다면 더욱 그렇다. 내가 포기하면 모두가 같이 포기하게 된다. 힘들면 잠시 쉬는 것도 괜찮다. 마음을 토닥이고 다시 일어날 힘을 키우는 과정도 필요하다.

모두가 한 번씩은 넘어진다. 그러나 넘어졌을 때 포기하지 않고 다시 미래를 그리는 사람에게는 다시 기회가 주어진다. 한 번의 좌절이 실패로 이어지는 것은 결코 아니다.

현명한 새우는
고래를 싸움 붙인다

"지금 내가 군사를 일으켜 도의를 저버린 원소를 토벌하려고 해
도 힘으로 상대가 되질 않으니 어떻게 하면 좋겠소?"
- 197년(42세), 천자를 모신 후 원소가 무례한 편지를 보냈을 때

'차도살인(借刀殺人)'이라는 말이 있다. 남의 칼을 빌려 상대를 죽
인다는 무시무시한 말이다. 결국 내 칼에는 피를 묻히지 않는다는 뜻
이다. 이는 중국의 병법서《삼십육계》에 실린 내용이기도 하다. 역사
에는 이러한 수법으로 상대를 제압하는 경우가 많았다.

'원교근공(遠交近攻)'이라는 말도 비슷한 의미다. 먼 곳의 적과는
교류하고 가까운 적은 제압한다는 것이다. 안타깝지만 우리나라도

동북아시아에서 그런 역할을 하고 있는지 모른다. 강대국들이 서로의 세력 다툼에 상대적으로 약소국인 우리나라를 이용하고 있기 때문이다. 그럴수록 우리에게는 더욱 치밀한 리더십과 외교 활동이 필요하다.

사실 마흔까지 조조는 크게 힘이 없었다. 하지만 가장 중요한 순간 치밀한 판단과 결단으로 그는 판을 뒤집었다. 물론 가야 할 길은 아직 멀었다. 조조는 천자를 허현에 모셔 온 후 천하의 대세가 됨과 동시에 원소의 강한 질투를 받았다. 원소에게는 조조가 안중에도 없었는데 그가 천자를 끼고 세상을 호령하자 제거 리스트의 첫 번째 대상이 된 것이다. 오죽하면 천자를 데리고 자신이 있는 본거지 근처로 오라는 편지를 보냈을까?

조조는 장수에게 패해 첫째 아들과 호위 무사도 잃고 의기소침했는데, 마침 원소는 그를 자꾸만 부채질했다. 조조는 크게 노했다. 그는 곁에서 눈치를 보고 있던 핵심 참모 순욱에게 원소의 편지를 내밀면서 하소연했다.

"내가 지금 당장 군사를 일으켜 도의를 지키지 않는 원소를 토벌하고 싶지만, 아직 힘으로는 상대가 안 되니 어째야겠소?"

그러자 순욱은 조조를 위로하며 조조가 원소와의 싸움에서 이길 수밖에 없는 이유를 열거했다. 대략 상상할 수 있듯 원소는 명문세가의 자존심에 얽매이고 있어 호족을 우대하고, 덕이 없고, 의심이 많고, 결단력이 없으며, 조조는 바로 그 반대라는 것이다. 하지만 조조의 걱정은 완전히 풀리지 않았다. 원소가 서쪽의 관중을 장악하고 익주까지 손아귀에 넣는다면 자신은 더는 원소와 상대가 안 될 것이라고 생각했다. 조조는 중국 전역의 13주 중 겨우 연주와 예주만 힘겹게 장악하고 있었기 때문이다. 하지만 순욱은 다시 한 번 차근차근 대책을 제시했다.

"일단 여포를 취한 후 관중 지역의 장수들을 위로해야 합니다."

조조는 순욱이 제시한 안을 그대로 따라 마침내 여포를 제거하고 원소와 맞붙을 수 있었다. 하지만 이후에도 고난의 연속이었다. 원소의 아들 원담과 원상이 여전히 강렬하게 저항했기 때문이다. 불행 중 다행으로 이들 형제는 사이가 그다지 좋지 않았다. 비록 원상은 아버지처럼 총명하고 똑똑해서 장래가 촉망되었지만 원담처럼 아버지를 따라 전쟁터를 누비지는 않았다. 당연히 온갖 고생으로 터전을 일군 원담으로서는 막내 원상이 후계자가 되는 것이 납득이 되지 않았을 것이다.

내가 약세일 때는
상대방의 힘을 빌려라

조조는 잠시 싸움을 중지하고 남쪽으로 내려왔다. 그러자 원담과 원상은 기주의 지배권을 찾기 위해 서로 싸우기 시작했다. 원담은 원상에게 패해 달아나며 조조에게 도움을 요청했다. 드디어 차도살인의 기회가 온 것이다. 조조는 원담을 이용해 둘째인 원희와 막내 원상을 정복하고, 원담도 조조를 이용해 나머지 형제를 정복할 수 있었다. 하지만 최후에 득을 볼 사람이 누군지는 알 수 없는 형국이었다.

조조의 장수들은 원담을 믿지 못해 그와의 동맹을 반대했지만 군사 순유는 이를 좋은 기회라고 생각해 그를 받아들이라고 권유했다. 조조는 아들 조정을 원담의 딸과 혼인시켜 결속력을 더 강화했다. 물론 조조나 원담이나 이러한 관계를 진심으로 생각하지는 않았을 것이다.

원담이 원상을 공격하며 그의 힘을 빼는 동안 조조는 원소의 본거지 업성을 공략해 마침내 함락했다. 어느 정도 원상의 세력이 정리된 후 조조는 원담과의 관계를 끊고 그와 싸워 기주를 손에 넣었다. 차도살인의 절정은 남은 원희와 원상을 처단할 때였다. 원희와 원상이 머나먼 오환족의 영토로 달아나자 부하들의 반대를 무릅쓰고 이들을 쫓아가 섬멸했다.

이후 다시 요동의 공손강에게까지 달아나자 부하들은 그들을 쫓자고 제안했다. 하지만 이번에는 의외로 조조가 추격을 중단했다. 그리고 가만히 기다리니 공손강이 원상과 원희를 참수해 그 머리를 보냈다. 장수들이 의아해서 묻자 조조는 이렇게 답했다.

"공손강은 평소 이들 형제를 두려워했소. 내가 급하게 공세를 퍼부으면 서로 힘을 합쳐 싸울 것이고, 공세를 잠시 늦추면 서로 견제할 것이기 때문에 이는 당연한 수순이었소."

이렇게 자신의 세력이 약할 때는 상대의 힘을 이용하는 것도 방법이다. 이는 부드러움으로 강함을 제압하는 것이다.

'리더십'하면 늘 떠오르는 인물인 아마존의 창업자 제프 베이조스도 마찬가지였다. 그가 온라인 쇼핑몰을 창업했을 당시 이베이라는 거인이 있었고, 오프라인에는 월마트라는 공룡이 있었다. 다윗과 골리앗의 싸움이었지만 그는 과감한 결단을 내렸다. 바로 자신의 온라인 사이트를 개인 판매자들에게 오픈한 것이었다. 이들이 직접 자신들의 상품을 사이트에 올리고 고객들이 선택하도록 했다. 지금은 이러한 형태가 일반적이지만 당시에는 획기적인 아이디어였다.

베이조스는 고객의 가치에 집중했다. 이익보다 서비스에 집중했고 이는 고객의 만족도에 즉각 반영되었다. 고객이 늘어나니 상품 공급자도 증가했다. 그는 플랫폼을 발전시키며 고객과 공급자 양쪽으로부터 지지를 얻었고 이를 레버리지로 사용했다. 이를 '플라이휠(Flywheel)효과'라고 한다. 그는 경쟁자들을 빠른 속도로 제압해 나갔고, 프라임 서비스를 통해 출혈 경쟁도 마다하지 않으며 세를 더욱 불렸다. 결국 아마존은 온라인 쇼핑몰의 대명사가 되었고, 오프라인으로도 영역을 확장했다.

나의 힘이 부족할 때는 상대의 힘을 현명하게 이용할 줄 알아야 한다. 사회에서도 다른 사람의 힘을 적절하게 안배하는 사람을 만나곤 한다. 차도살인이 아니더라도 내가 성취하려는 목표 달성을 위해 더 능력이 있는 사람에게 부탁해 일을 성사하는 것도 방법이다. 내가 능력이 부족한 데 무리해서 일을 진행하다가는 오히려 잘못될 수도 있기 때문이다.

판을 짜려면
현장을 더 잘 알아야 한다

"관서 병사들은 정예병이기 때문에 우리 군대는 성벽을 굳건히
지키되 함부로 싸우면 안 된다."
– 211년(56세), 조조가 관서 지방을 정복하러 나섰을 때

'군관과 색리들이 병선을 수리하지 않았기에 곤장을 쳤다.'

'주변 형세를 살펴보니 사방에서 적의 공격을 받을 수 있어서 매우
걱정스러웠다.'

《난중일기》를 읽다 보면 공통적으로 발견되는 것이 있다. 이순신

장군이 수시로 군영을 점검하며 장수와 병사, 관리들이 병기와 병선들을 제대로 관리하는지 확인하고, 주변의 지형지물을 면밀히 관찰해 작전을 구상했다는 것이다. 이순신 장군의 백전불패는 평소 철저한 준비가 있었기 때문에 가능했다.

뛰어난 리더의 공통점은 바로 현장을 중요시하는 데 있다. 원소가 관도 대전에서 조조에게 패한 이유는 그의 신출귀몰한 용병술 때문이기도 하지만, 조조에 비해 현장 감각이 부족했던 것도 컸다. 물론 평소에는 훌륭한 참모진과 용맹한 장수들이 즐비했기 때문에 이들에게 위임해도 별문제는 없었다. 문제는 중요한 순간에 발생했다. 전쟁터에서 현장을 잘 이해하지 못해 잘못된 판단을 내렸기 때문이다.

관도 대전에서 조조가 원소의 식량 창고를 습격했을 때 원소는 병력을 나눠 조조의 습격에 대응하며 동시에 조조의 본진으로도 군대를 보냈다. 이때 오히려 병력을 나누지 않고 모두 본진을 향해 공격했다면 전투의 양상은 달라졌을 것이다. 결정적으로 그는 조조군과 난전을 벌일 때 끝까지 군대를 지휘하지 않고 도중에 도망갔다. 군의 사기가 떨어질 수밖에 없었다. 이는 정사에도 기록된 내용이다.

"군세가 크게 약해졌기 때문에 원소와 원담은 군대를 버리고 도망쳐 황하를 건넜다."

반면 조조는 원소의 식량 창고 오소를 공략할 때 이렇게 행동했다.

"조조는 조홍에게 남아서 지키게 하고, 직접 5,000명의 보병과 기병을 지휘하며 한밤중에 출발해 새벽 무렵 도착했다."

조조가 직접 참전한 또 다른 중요한 전쟁이 있다. 조조군은 적벽 대전 패배 이후 휴식기를 가지며 다시금 힘을 회복하고 전투에 나설 준비를 마쳤다. 그는 업성에 동작대를 건축하고 관서 지방 정복에 나섰다. 한중 지방을 점거한 장로를 공격하기 위함이었다. 그런데 막상 관중에 있던 마초와 한수가 자신들이 공격받는다는 위기감에 반란을 일으켰다. 조조는 관서 지방 병사들이 거칠고 강하다는 것을 알았기 때문에 함부로 싸우지 말라고 지시했다.

조조는 마초와 동관에서 대치했다. 그리고 그와 맞서기 위해 계책을 세웠다. 용맹한 서황과 주령을 밤늦게 보내 황하 서쪽을 먼저 점령하도록 했다. 조조는 동관에서 북쪽으로 강을 건너려고 했다. 그런데 이를 눈치 챈 마초가 배를 타고 와 격렬한 전투가 벌어졌다. 조조는 다시 한번 죽을 위기에 처했다. 다행히 허저의 초인적인 방어와 부하 정비가 소와 말을 풀어 마초군의 주위를 돌렸기 때문에 살아남을 수 있었다.

이윽고 전투가 소강상태에 이르자 조조는 마초와 같이 반란을 일으킨 한수와 만날 것을 청했다. 한수는 양주의 군벌로 그와 비슷한 동년배였고, 한수의 아버지는 그와 비슷한 나이에 효렴에 천거되었다. 한수는 산전수전 다 겪은 장수였지만 계략에 능하지는 않았다. 조조는 그와 말을 타고 이야기를 나누었으나 군사에 대한 일은 일절 언급하지 않고 과거의 추억만 회상할 뿐이었다. 마초는 한수가 돌아오자 곧바로 물어봤다.

"조조가 무슨 말을 하던가요?"

한수는 이렇게 대답했다.

"옛날 이야기만 하고, 별다른 말을 나누지 않았네."

마초는 슬슬 의심이 싹트기 시작했다. 조조는 이번에는 가후의 계책을 받아들여 한수에게 편지를 보냈다. 그런데 글자를 일부러 흐릿하게 없앴고, 마초는 한수에게 어떤 내용을 주고받았는지 물었지만 한수도 내용을 이해할 수 없어 모른다고 했다. 결국 이들 사이에서 내분이 일어났고, 조조는 정예병을 이끌고 그들을 물리쳤다. 한수와 마초는 양주로 달아나 마침내 관중은 평정되었다.

버그 아이를 갖추고 버드 아이로 보라

조조가 승리한 것은 뛰어난 계교와 용맹한 장수와 군사들 덕분이기도 하지만, 지형을 미리 파악한 순간 그는 이미 승기를 잡았다고 할 수 있었다. 그는 서황과 주령의 군대를 미리 은밀하게 보내 황하 서쪽을 점령해 진영을 구축하도록 했다. 이러한 양동 작전이 있었기 때문에 한수와 마초의 군대는 반격하지 못하고 달아났던 것이다.

《손자병법》에서는 전쟁을 하기 전에 다섯 가지를 헤아려야 한다고 했다. 그것은 '도(道)', '천(天)', '지(地)', '장(將)', '법(法)'이다. 도는 전쟁의 명분이고, 천은 계절과 날씨의 변화, 지는 전장의 지형, 장은 장수의 자질, 법은 군대 내의 운용 규칙이라고 봐야 한다. 그중에서 손자는 특히 땅을 중요시했다. 지형은 험준함과 평탄함, 넓음과 좁음 등 다양한 형세를 이야기한다. 지형을 이해하기 위해서는 현장에 대한 이해가 필수적이다.

사업도 마찬가지다. 현장을 제대로 이해해야 다양한 아이디어를 얻을 수 있고, 잘못된 것을 바로 잡을 수 있다. 맥도날드를 일으켜 세운 레이 크록은 경쟁사가 재료를 어떻게 사용했는지 알기 위해 새벽 2시에 쓰레기통을 뒤진 적이 한두 번이 아니었다고 했다. 상대가 전날 고기를 몇 상자나 사용했는지, 빵을 몇 봉지나 사용했는지 알아내기 위해 말이다. 또한 그는 맥도날드 형제가 가게를 운영하는 방식이 잘못되었다고 판단했다. 이들 형제가 직접 운영하는 매장 외에 다른 가맹점들은 햄버거의 질도 떨어지고 잡고기를 갈아 넣어 지방 함량도 높았다. 함께 광고를 하는 것에도 소극적이었을 정도다. 심지어 그는 패티를 쌓는 데도 과학이 필요하다고 주장했고, 패티를 쌓는 최적의 높이를 알아내고 고기를 포장하는 높이도 결정했다. 그는 이렇게 말했다.

"우리는 고기 1파운드로 패티 10개를 만드는 것을 규정으로 삼았고 그것은 업계의 표준이 되었다."

한 선배는 리더십에 대해 이렇게 이야기한 적이 있다.

"리더가 되면 높은 곳에서 조망을 할 수 있는 '버드 아이(Bird Eye)'가 필요하지만, 세세한 것도 살필 수 있는 '버그 아이(Bug Eye)'도 있어야 한다."

그러려면 현장을 이해하고 직접 살필 줄 알아야 한다. 리더가 이론만 강조하고 현실을 등한시한다면 결과가 제대로 나올 수 없다. 스타벅스를 시가 총액 1,000억 달러가 넘는 글로벌 회사로 일으켜 세운 하워드 슐츠 전 CEO도 늘 매장을 방문해 직원들의 생생한 목소리를 청취하곤 했다.

조직의 리더라면 보고서만 참고할 것이 아니라 실제 고객의 반응을 현장에서 파악하는 편이 낫다. 제조나 기술 역시 현장의 목소리를 무시해서는 안 된다. 서비스나 요식업을 해도 마찬가지다. 예전에 어떤 리더는 직원들에게 수백 가지나 되는 반도체 판매 계획을 직접 입력해 보라는 지시를 내리기도 했다. 물론 이러한 행위가 직접적인 도움이 되지는 않을 수도 있지만, 적어도 실무진의 애로 사항을 이해하고 수치가 산출되는 과정을 알 수 있을 것이다. 리더가 버그 아이를 갖추고 버드 아이로 조직을 바라본다면 다양한 개선점과 방향성을 찾을 수 있다. 현장의 중요성은 아무리 강조해도 지나치지 않다.

제5편

몇 수를 내다보아야
결정적인 한 수를 둔다

: 항상 미래를 대비한 조조의 청사진

용장 밑에
약졸 없다

"내가 장수를 파견하고 출정시킨 이래로 포상을 하고 죄를 처벌
하지 않은 것은 국법에 들어맞지 않는다."

– 203년(48세), 관도 대전 승리 후 원담과 원상과 전쟁 중

"용장 밑에 약졸 없다"라는 말이 있다. 장수가 용맹하면 부하들도
당연히 용맹할 수밖에 없다. 그러려면 엄격한 규율이 필요하다. 규율
이 없다면 병사들은 나태해지고 쉽게 문제를 일으킨다.

절찬리에 방영 된 〈고려 거란 전쟁〉을 보면 과연 용장이 무엇인지
잘 알 수 있다. 고려 시대 초기 제2차 여요 전쟁 때 활약한 양규 장군
이 바로 그다. 《고려사》의 〈양규 열전〉에서는 그를 이렇게 묘사했다.

"칼을 뽑으면 1만 명의 적들이 다투어 달아났고, 강궁을 당기면 적들의 군대는 항복했다."

양규는 거란의 성종이 직접 지휘하는 40만 대군에 맞서 겨우 3,000의 병력을 이끌고 성을 지켰다. 상식적으로 불가능해 보이는 것을 그는 해냈다. 그의 용맹함뿐만 아니라 병사들도 그를 따랐기 때문에 가능한 것이다. 그만큼 군령도 엄했을 것임을 짐작할 수 있다.

반면 다른 성에서는 장군이 병사들과 도망가는 일도 발생했다. 후방의 서경(오늘날의 평양)에서도 거란에 항복하고자 하는 여론이 형성될 정도였다. 서경이 무너지면 황제가 있는 개경까지는 아무런 방어막이 없는데도 말이다. 장수가 나약하니 군기가 제대로 확립이 안 된 것이다.

조조는 그동안 장수들에게 관대한 면도 있었다. 아무래도 세력을 규합하고 힘을 키우기 위해 더욱 그랬을 것이다. 하지만 이후 허도에 황제를 모셔 오고 관도 대전에서 승리를 거둔 후에는 다스리는 장수와 병사들이 더 많아졌기 때문에 규율을 정비할 필요가 있었다.

반면 원소는 관도 대전에서 패배한 후 본거지 기주에서 발생하는 반란군들을 평정하느라 정신이 없었다. 그는 패전의 허탈함으로 병을 얻고 1년 반 뒤에 사망했다. 잠시 과거를 살펴보자. 원소와 조조가 반동탁 연합군에 가담했을 때 이들은 모두 30대 중반쯤이었다. 원소는 조조에게 넌지시 물어봤다.

"자네는 만약 이번 연합군이 성공하지 못한다면 앞으로 어디를 근거지로 삼을 것인가?"

조조는 원소가 자신을 떠본다고 생각하고 오히려 되물었다.

"그렇게 말하는 자네의 생각은 어떠한가?"

원소는 이렇게 답했다.

"남으로는 황하에 의지하고, 북으로는 연과 대와 의지하고, 융적과 힘을 합치고, 남쪽으로 진군하여 천하의 패권을 다툰다면 아마 성공하지 않겠나?"

사실 원소는 이미 옥새를 손에 넣은 이상 허수아비 황제를 내세워 궁극적으로 천하를 원 씨 세상으로 만들고 싶었다. 그는 실제로 자신이 말한 대로 행동했다. 연합군이 와해되자 우선 기주목 한복을 몰아내고 기주를 차지했다. 이후 북쪽의 유주, 병주, 동쪽의 청주를 병합하며 황하 이북의 세력을 규합했다. 국경 너머의 오환족과도 손을 잡았으니 남은 것은 황하 이남 지역이었다.

원소와 맞서 대적한 것이 바로 조조다. 그는 원소 휘하에 잠시 머물다가 황건적을 토벌한다는 명목으로 황하 이남으로 내려와 연주를 차지했다. 원소와 국경을 맞대고 있으니 둘의 충돌은 당연했다. 아마 원소는 조조가 자신과 감히 대적하지 않고 부하가 될 것이라고 생각해 속마음을 털어놓았을지도 모른다. 그러나 조조는 원소보다 한 수 위였다. 앞서 원소가 근거지에 대해 묻자 그는 이렇게 답했다.

"천하에 지혜롭고 용감한 인재들을 등용한 후 이들을 왕도로 다스 린다면 가능할 것이네."

조조는 핵심을 제대로 찔렀다. 왕도는 바로 맹자가 주창한 왕도 정 치, 인과 예에 기반하여 의로운 길을 가는 것을 말한다. 훌륭한 인재 들을 데리고 바른 길을 간다면 세상은 자연스럽게 잘 다스려질 것이 라는 의미다. 물론 이때까지만 해도 그는 전혀 기반이 없었기 때문에 원소와는 다른 입장이었을 것이다. 어쩌면 신하로서 취할 가장 이상 적인 자세이자 그가 추구하던 주공 단과 같은 삶을 꿈꿨을지도 모른 다. 조조가 강조한 규율이 다른 군벌들과 다른 이유이기도 하다. 그 의 규율에는 대의명분이 있었다.

그는 법가주의를 바탕으로 원칙에 충실했다. 기강을 바로 세우고, 자신도 최대한 원칙을 지키려고 했기 때문에 많은 부하들이 그에게 충성을 바쳤다.

명확한 규율이
조직을 더욱 강하게 만든다

조직을 운영할 때도 마찬가지다. 누구나 일하고 싶은 행복한 조직 은 규율이 기반되어야 한다. 조직에 행동 규범이 존재하는 이유다.

직원들에게 비전과 미션을 제시하는 것도 중요하지만, 구체적인 행동 강령을 알려 줘야 할 필요가 있다. 이를 기반으로 업무를 대응할 때 기준으로 삼는 것이다. 예를 들어 업무를 할 때는 최대한 꼼꼼하게, 판단은 데이터를 토대로 하는 등의 가이드가 될 것이다.

디즈니 제국을 건설한 로버트 아이거는 《디즈니만이 하는 것》에서 책임에 대해 이렇게 말했다.

"일을 망쳤다면 그에 대해서 책임을 져야 한다. 직장이나 일상생활에서 나 스스로 잘못을 인정하고 책임을 지는 자세를 보인다면 주변 사람들은 당신을 더욱 존경하고 신뢰할 것이다."

누구나 실수를 하기 때문에 그것을 인정하고 극복하는 자세가 필요하다. 그러려면 우선 조직의 규율이 바로 서야 한다. 그 누구도 책임을 인정하지 않고 피하려고만 한다면 발전은 없을 것이다. 또한 변화나 성장을 위한 실수는 용납할 수 있지만 그것이 너무 많이 반복될 때는 규제할 필요도 있다.

새로운 제품이나 서비스를 개발하기 위해 많은 자원을 투입했는데 그것이 회사의 재무 상태를 악화시킨다면 이를 규제해야 하는 것처럼 말이다. 회사의 행동 규범에는 최고의 제품을 만드는 항목도 있어야겠지만 재무적 안정성을 추구하는 항목도 있어야 균형을 맞출 수 있다. 로버트 아이거는 이를 10가지 리더십 중에서 '명확한 초점'이라고 명명했고, '가장 중요하고 가치 있는 전략과 문제, 프로젝트에 시간과 에너지, 자원을 할당하는 것'이라고 역설했다.

비전과 미션을 구성원들에게 설명하는 것이 리더의 역할임에는 분명하지만 그것을 구체적으로 수행하기 위한 자세로 규율을 세우는 것도 필요하다. 물론 그것을 강제해서는 안 된다. 구성원들이 납득할 수 있도록 구체적인 사유를 들어야 한다. 이를 일방적으로 통보한다면 구성원들은 이를 이해하지 못하고 마치 남의 일처럼 생각할 수 있다. 끊임없는 대화와 공감을 통해 규율에 대한 합의를 이끌고 서로 약속을 지키는 것이 필요하다.

과연 우리 조직에는 어떤 규율과 규칙이 있는가? 만약 없다면 지금 한번 적어 보도록 하자. '최고의 제품과 서비스를 추구한다', '고객을 존중한다' 등 적어도 10가지 이내의 항목은 있어야 할 것이다.

좋은 리더에게는
좋은 리더가 있었다

"천하는 장차 혼란에 빠질 것인데, 세상을 구할 만한 재목이 아니면 이를 구제할 수 없을 것이다. 천하를 안정시키는 일은 아마도 그대에게 달려 있을 것이네!"

– 175년(20세), 당대의 학자 교현이 조조를 보고 한 말

리더들을 관찰하다 보면 공통점을 찾을 수 있다. 바로 상당수에게 멘토가 있다는 점이다. 이들은 문제가 생기거나 일이 잘 안 풀리면 멘토에게 조언을 구한다. 멘토는 객관적이고 냉정하게 상황을 바라보며 그에 걸맞은 충고나 질문을 던질 수 있다.

유비의 멘토는 제갈량이었다. 그는 난관에 봉착할 때마다 제갈량

에게 조언을 구했다. 물론 제갈량의 판단에 전적으로 의지하지는 않았지만 중요한 판단을 하는 데 큰 척도로 삼았다. 삼고초려 당시 제갈량은 중장기 전략인 천하삼분지계를 제시했다. 마흔이 훌쩍 넘어 앞길이 캄캄했던 유비에게 제갈량은 한 줄기 빛과 같았다.

손권의 멘토는 형 손책의 부하 주유와 손 씨 세력의 원로 장소였다. 손권의 어머니는 외부 일은 주유와 내부 일은 장소와 상의하라고 충고했을 정도다. 물론 유비와 손권의 경우 멘토와 대등한 관계가 아니었기 때문에 좀 더 객관적인 의견을 듣기는 힘들었을 것이다. 아무리 훌륭한 신하라도 주군에게 솔직하게 충고하기는 힘들지 않겠는가.

그런 면에서 조조는 운이 좋았다. 그다지 유명하지 않은 젊은 시절 그는 당대의 명사 교현으로부터 세상을 구할 인재로 인정받았고, 진심 어린 충고와 조언을 받았다. 당시 교현은 이미 환갑을 넘긴 나이로 그와 나이 차가 무려 40살 이상이었다.

그는 조정에서 고위직 관리인 삼공을 지낸 관료였고, 조조는 막 벼슬에 오른 햇병아리였다. 교현은 청렴하고 강직했으며 불의와 절대 타협하지 않는 정신을 가져 많은 이의 존경을 받았다. 그의 늦둥이 아들이 도적들에게 납치당했을 때도 그들과 타협하지 않고 소탕하는 데 더 주력했을 정도다.

어쨌든 조조는 환관의 후손이었다. 특히 '당고의 금(후한 말기 환관 일파가 청류당의 이응 등 문인들을 숙청한 사건)'으로 문인들은 환관을 더욱 혐오하게 되었다. 그런데 이들의 정신적인 지주격인 교현이 조조의 신분에 개의치 않고 그의 실력과 능력을 인정한 것이다. 관리들을 평가하는 월단평으로 유명한 허소를 찾아가라고 권유한 것도 교현이었다. 교현은 조조를 천하의 혼란을 구할 인재라고 평가했다. 아마도 자신처럼 정직하고 불의와 타협하지 않는 조조가 마음에 들었는지 모른다. 난세는 그와 같은 영웅이 필요했기 때문이다.

조조의 부하 중에는 순욱이나 순유처럼 점잖은 유학자들도 있었지만, 반대로 정욱처럼 성정이 조조와 비슷한 부하도 있었다. 사실 정욱은 조조보다 나이가 14살이나 많았다. 그는 연주 자사 유대의 부름을 받았지만 거절했다. 유대가 포신의 충고를 듣지 않고 무리하게 황건적을 공격하다 죽게 되었을 때 조조가 유대의 자리를 대신했는데, 정욱은 이때 조조의 부름에 응해 심복이 되었다.

정욱은 순욱과 연주에 남아 있다 진궁, 장막 등이 반란을 일으켰을 때 남은 세 개 현을 지켰다. 여포와 조조가 대치하며 식량이 부족해 백성들이 아사 직전에 이르자 원소는 조조에게 업성으로 옮겨와 쉬라고 유도했다. 조조는 너무 힘들어 이를 수락할까 고민했지만 정욱은 극구 반대했다. 그는 중요한 순간 정욱의 충고를 듣고 위기에서 벗어날 수 있었다. 그에게 정욱은 은인과 다름없는 존재였다.

우리가 살아가는 데 있어 멘토는 꼭 필요하다. 멘토는 가족, 친구, 직장 동료 등 다양한 사람이 될 수 있다. 때로는 다른 분야의 멘토도 도움이 된다. 나를 너무 잘 아는 사람이나 같은 분야에 있는 사람보다는 한 발자국 떨어진 곳에서 바라보는 사람이 좀 더 객관적인 평가를 내릴 수 있기 때문이다.

해결책이 아니라
생각을 주는 사람을 찾아라

성공한 기업가들에게도 멘토가 있다. 2016년 작고한 빌 캠벨 역시 유명한 멘토였다. 그가 유명세를 탄 이유는 애플의 창업자 스티브 잡스의 고민을 상담했기 때문이다. 다른 사람도 아닌 강력한 카리스마와 뛰어난 리더십을 가진 잡스의 멘토였다.

캠벨의 이력은 독특하다. 컬럼비아대학교 미식축구 팀 코치로 경력을 시작했고, 이후 애플 마케팅 부사장을 역임하고 회사를 창업한 후 CEO로 재직했으며, 1997년 이후 약 17년간 애플 이사회 멤버로 재직했다. 그는 잡스보다 나이가 15살 많았다. 잡스는 빌 캠벨을 다음과 같이 평가했다.

"그는 사람을 좋아했고 무엇보다도 사람을 성장시키는 일을 사랑했다."

까칠한 성격의 잡스조차 그와 이야기를 나누고 싶어 했고, 주말마다 1시간씩 스탠퍼드대학교 교정을 함께 산책했다. 그가 멘토로서 뛰어난 점은 어떤 해결책을 바로 제시하기보다는 리더들이 스스로 판단할 수 있도록 의미 있는 질문을 던졌다는 점이다.

아마존의 창업자 제프 베이조스도 그 덕분에 구제되었다고 한다. 베이조스는 능력은 있지만 특유의 강한 개성과 권위적인 성격 때문에 2000년에 아마존에서 쫓겨날 뻔했다. 이사회는 이를 심각하게 고민하고 있었다. 이때 이사회에서 자문을 구한 사람이 빌 캠벨이었고,

그는 베이조스의 열정을 주목해 유임시킬 것을 조언했다. 만약 베이조스가 그때 회사에서 쫓겨났다면 우리가 지금 알고 있는 아마존은 존재하지 않았을지 모른다.

진정한 멘토는 리더가 생각할 수 있도록 돕는 존재다. 충고나 조언을 할 수는 있지만 구체적인 해결책을 제시하지는 않는다. 답안지를 보여 주는 것이 멘토의 역할이 아니기 때문이다. 하지만 멘토가 던지는 질문은 리더로 하여금 문제에 대해 한 번 더 생각하게 만든다.

리더는 외로운 존재다. 그렇기 때문에 멘토가 필요하다. 멘토의 말을 경청하고 깊게 생각해야 한다. 다양한 의견을 수렴한 후 모든 것을 걸고 자신이 결정을 내려야 한다. 하루에도 수없이 많은 결정을 내려야 하지만 그것이 맞는지 틀린지 정확히 알 수도 없다. 많은 부분 반대에 부딪힌다. 따라서 보다 객관적인 조언이 필요하다. 그렇다고 무턱대고 의지해서도 안 된다. 멘토와 멘티는 서로 존중하고 의견을 주고 받는 관계여야 한다. 과연 나에게는 멘토가 있는가?

실패를 실패로
두지 않는 법

"희지재가 죽은 후로 더불어 일을 계획할 사람이 없소. 여남과 영
천에는 본래 뛰어난 인물이 많거늘, 누가 희지재를 계승할 수 있
겠소?"
– 195년(40세), 순욱에게 희지재라는 책사를 대신할 인물을 추천
해 달라고 했을 때

사람들은 보통 새로운 일은 좀처럼 시도하지 않는다. 실패가 두렵
기 때문이다. 하지만 나의 능력을 끌어올리기 위해서는 행동을 해야
한다. 통찰은 그냥 얻어지는 것이 아니다. 칩 히스는 이렇게 말했다.

"변화를 위해 기꺼이 위험을 감수하고, 뭔가를 시도하고, 경험을 통해 대답을 뽑아내는 편이 낫다. 통찰이 행동으로 이어지기보다 행동이 통찰로 이어지는 경우가 더 많다는 점을 명심하라."

리더는 도전을 멈추지 않는다. 익숙하지 않은 분야라도 공부하고 준비한다. 조조 역시 업성 근처에 현무지라는 못을 파서 수군을 훈련했다. 그의 군대는 주로 보병과 기병으로 이루어져 있었는데, 특히 속도전을 중요시했기 때문에 기병을 잘 활용했다. 그가 관도 대전 후 공격하려던 형주와 강동은 장강을 끼고 있었고, 상대는 자신에게 유리한 수전을 유도할 것이 뻔했다. 그래서 그는 새로운 방식의 전투를 준비했다.

그런데 뜻하지 않은 일이 발생했다. 유표의 후계자 유종이 너무 허무하게 항복한 것이다. 조조는 선택해야 했다. 사실 그도 전쟁은 피하고 싶었을 것이다. 군대를 온전히 보전해 다음 전쟁을 대비해야 했다. 조조는 북쪽의 사나운 군대와 남쪽의 용맹한 군대에 대비해 새로운 실험을 했다. 기존의 군대보다는 형주의 군대를 중심으로 군대를 재편했다. 특히 유표 휘하에 있던 장수들에게 수군을 조련시켰다. 자신의 병사들도 물 위에서 싸우는 법을 배우도록 했다. 또한 그는 배를 크게 만들고 서로 연결해 병사들이 멀미를 하지 않도록 했다. 물론 이것이 나중에 화공을 당했을 때 큰 문제가 되었지만 적어도 판단 자체가 나쁜 것은 아니었다. 주변은 늪지대였고 병사들은 뱃멀미와 풍토병을 겪고 있었기 때문이다. 병사들은 배 위에서 쉬고, 훈련하고, 사기를 진작했다.

현무지에서 실시했던 수군 훈련과 새로 영입한 유표의 장수들을 통해 수군을 조련하며, 조조는 많은 노하우를 습득했다. 상대가 유표나 유종 정도의 수준이었다면 그의 작전이 성공해 마침내 남쪽 지역도 완전히 손아귀에 넣었을 것이었다. 그런데 하필이면 상대가 유비의 제갈량과 손권의 주유였다. 신세대 전략가들은 조조를 전혀 두려워하지 않았다.

비록 그의 시도는 실패했지만 이는 좋은 경험이 되었다. 패배를 겪으며 얻은 노하우는 이후 후대의 리더와 군대에 고스란히 전수되어 삼국을 통일하는 데 큰 도움이 되었다. 그의 새로운 도전은 충분히 인정할 만한 가치가 있다.

도전하고 변화하지 않으면
고이고 썩는다

이 형제도 마찬가지였다. 1900년대 초 비행술에 대한 관심이 날이 갈수록 커지고 있었다. 당시 항공 관련 최고 권위자는 새뮤엘 랭글리 박사였다. 자전거 가게를 운영하던 이름 없는 두 형제의 도전에는 아무도 관심이 없었다.

1903년 박사의 연구진이 비행 실험에 실패하고 불과 9일 후, 형제는 그해 12월 17일 첫 동력 비행에 성공했다. 59초 동안 260m를 비행했다. 당시로써는 혁신적인 성공이었다. 하지만 사람들은 이들의 성공을 의심했다. 심지어 이들이 첫 비행에 성공해 신문사에 연락하자 그들의 성공을 평가 절하하고 보도하지 않았을 정도다. 이들이 바로 세계 최초의 동력 비행기를 제작해 비행에 성공한 라이트 형제다.

세계적인 석학 새뮤엘 랭글리 박사도 실패했는데 라이트 형제는 어떻게 성공했을까? 가장 큰 원인은 바로 실행과 도전이었다. 랭글리 박사는 먼저 이론을 만들고 계획을 세운 뒤 행동했지만, 라이트 형제는 먼저 실험하며 데이터를 축적하고 개선해 이론을 만들었다. 실험 횟수만 무려 1,000회에 달했을 정도였고 살아남은 것이 신기할 따름이었다. 그들의 아버지는 형제가 함께 비행기에 탑승하지는 말라고 했다. 두 명이 모두 죽으면 마음도 아프겠지만 비행 노하우도 모두 사라지기 때문이었다. 이들 형제는 비록 자전거 가게를 운영하며 성공적인 사업을 일구고 있었지만, 나중에는 비행기를 발명하고 모든 열정에 여기에 바쳤다.

이는 전기 자동차와 우주선을 만드는 일론 머스크와도 묘하게 겹친다. 그는 페이팔이라는 온라인 결제 회사로 대박을 터뜨렸고, 회사를 이베이에 매각하고 억만장자가 되었다. 하지만 현실에 안주하지 않고 또 다시 새로운 분야에 도전했다. 바로 전기 자동차였다. 당시 많은 사람이 전기 자동차가 보편화될 것이라고 예상했지만 여전히 극복해야 할 문제가 많았다.

그중 하나가 배터리다. 자동차에서 제일 중요한 것은 연료의 효율성이기 때문이다. 사람들은 충전하는 것을 귀찮아한다. 그런데 배터리 수명을 길게 하면 그만큼 부피가 커지고 차의 무게가 늘어난다. 하지만 그는 원통형 배터리를 만들어 이를 극복했다. 또한 그는 우주선을 만드는 꿈을 가졌다. 모두들 미쳤다고 생각했지만 그는 수많은 실패 끝에 마침내 유인 우주선을 성공적으로 우주에 쏘아 올렸다.

리더는 새로운 도전을 두려워하면 안 된다. 현실에 안주하는 것은 더욱 안 된다. 비전과 사명감을 갖고, 솔선수범해서 조직을 이끌고 나가야 한다. 오히려 아무런 문제가 없는 평온한 상태를 두려워해야 한다. 물론 변화는 결코 쉬운 일이 아니다. 수없이 도전해야 하고, 반대를 극복해야 한다. 그럴 때는 자신과 비슷한 가치관을 갖고 있는 인재를 찾거나 그러한 가치관을 갖도록 인재를 육성하며, 이들과 함께 수많은 시도와 실패를 경험해야 한다. 조조가 순욱과 곽가를 중심으로 변화를 주도했고, 라이트 형제와 일론 머스크가 실패를 두려워하지 않고 수많은 비행을 연습한 것처럼 말이다.

강한 리더의 무기는
두려움이다

"신이 미처 책략을 정하지 못했을 때 곽가는 쉽게 처리했습니다.
천하를 평정하는 데 그의 공적이 높았습니다."
– 207년(52세), 곽가가 38세의 나이로 요절했을 때 조조가 황제
에게 올린 표문

리더는 두려움이 있어야 한다. 두려움이 있는 리더는 미래를 준비
한다. 용기를 발휘해야 할 때와 안 할 때를 구분할 줄 안다. 두려움이
없는 리더는 겁이 없지만 금방 모든 것을 잃을 수도 있다. 혼자 무너
지는 것은 상관없지만 리더는 함께하는 많은 사람을 위험에 빠뜨릴
수 있다. 리더는 때를 알아야 한다. 공격할 때와 승부를 걸 때를 인지

해야 한다.

임상심리학자 로버트 마우어는 《두려움의 재발견》에서 "두려움이 없는 것은 용기가 아니다. 두려움이 없는 것은 뇌가 고장 난 것이다"라고 역설했다. 《논어》의 〈술이〉 편에서 공자도 같은 이야기를 했다. 제자 자로가 물었다.

"스승님께서 삼군을 지휘한다면 누구와 함께 하시겠습니까?"

공자는 답했다.

"맨손으로 범과 겨루고 맨 몸으로 강을 건너 죽어도 후회하지 않는 자와는 함께하지 않을 것이다. 반드시 일에 임하여 신중하고, 계책이 있어 임무를 완성하는 사람이어야 한다."

그는 정의감이 가득하지만 성급한 성격을 지닌 제자 자로를 경계해 이런 말을 남긴 것이다. 리더에게는 실행력이 중요하지만, 충분히 고민하고 판단하는 능력도 필요하다. 물론 상황이 불리하다면 이번 승부로 인해 모든 것을 잃을 수 있다는 것도 각오해야 한다.

배수진은 무엇인가? 바로 두려움을 이길 수 없을 때를 대비한 것이다. 자신을 궁지에 몰아 최대한의 힘을 끌어내는 것이 핵심이다. 궁지에 몰리면 쥐도 고양이를 물게 된다.

조조의 경우가 그랬다. 그는 황하 이남에서 골칫거리인 원술과 여포를 마주하고 있었고, 원소에게는 황하 이북에 공손찬이라는 강력한 경쟁자가 있었다. 누가 먼저 이들을 제거하느냐가 관건이었다. 조금이라도 늦으면 양쪽에서 공격당할 것이기 때문이다. 조조의 참모인 순욱은 다음과 같이 이야기했다.

"지금 우리는 원소와 시간 싸움을 하고 있습니다. 눈엣가시를 먼저 제거하는 자가 서둘러 결전 준비를 마칠 수 있습니다."

조조도 이에 공감하고 있었다. 그는 두려운 상대인 원소를 맞이해 최선의 선택을 해야 했다. 그는 먼저 원술을 공격했다. 때마침 원술은 스스로 황제를 칭하고 있었다. 허도로 한나라의 황제를 모셔 온 그였기 때문에 공격할 명분은 충분했다. 그는 원술의 근거지 수춘을 공격해 함락했다. 다음 해에는 여포를 공격해 세 번 물리치고, 마침내 그를 제거했다. 하지만 원소 역시 강력한 세력인 공손찬을 무찌르고, 황하 이북 지역을 손아귀에 넣었다. 관도 대전을 불과 1년 남겨 둔 때였다.

전쟁의 신이라고 불리는 조조도 전투에 임할 때 두려움이 많았다. 그의 합리적 의심은 그냥 생긴 것이 아니다. 그는 외부에서는 강적들과 싸워야 했고, 내부에서는 자신을 견제하는 세력과도 싸워야 했다.

역사에 기록된 내부의 반란은 크게 네 번 정도 있었다. 특히 조조가 마흔이 되기 전 발생한 연주의 반란은 세력 근간을 흔들 정도의 큰 위기였다. 하지만 그가 이러한 어려움을 극복하며 아홉 개 주를 차지하게 된 것은 신중하게 계책을 세웠기 때문이다. 그는 많이 고민했고,

특히 핵심 참모들과 함께 상의했다.

원동력이 되는
적당한 두려움

곽가는 처음 조조를 만났을 때 사공군좨주가 되어 군사적인 면에서 조언을 했다. 그는 조조가 원소와 관도에서 대적하고 있을 때 손책이 허도를 습격한다는 첩보를 접했다. 다른 이들은 모두 손책을 두려워했지만, 곽가는 손책의 경솔한 성격을 지적하며 그가 필부의 손에 죽을 것이라고 예견했다. 우연의 일치인지는 모르지만, 손책은 원한을 갖고 있는 허공의 식객에게 기습당해 허망한 죽음을 맞는다.

물론 곽가도 손책의 습격이 두려웠을 것이다. 하지만 그는 자신만의 이론을 내놓음으로써 조조 진영에 퍼지는 두려움을 막을 수 있었다. 승리를 위한 적절한 두려움은 제때 방비책을 만들지만, 지나친 두려움은 당연히 폐해가 되기 마련이다.

제2차 세계 대전 당시 미국의 장군이자 미군 최초의 전차 부대 지휘관이었던 조지 S. 패튼 장군은 워낙 성격이 불같아 욕을 달고 살았고, 사고뭉치라는 별명도 있었다. 하지만 그는 수많은 전장을 누비며 승리를 일궜다. 그는 오합지졸의 부대도 용기 있는 부대로 만드는 능력이 있었다. 그에게 군인은 두려워하면 안 되는 존재였다. 하지만 그도 첫 전투에서는 두려움을 느껴 몸을 움직일 수조차 없었다고 한다. 홀린 듯 용기를 내 첫 전투를 승리로 이끈 후 그는 돌격 앞으로를 외쳤다. 패튼 장군은 두려움에 대해 다음과 같은 말을 남겼다.

"나는 용감한 사람을 본 적이 한 번도 없다. 모든 인간은 두려움을 느낀다. 지적인 사람일수록 더 많은 두려움을 느낀다."

그가 부하들을 닦달하고 전장에서 용기 있게 나선 것은 두려움을 이겨 내기 위함이었다. 두려움이 무엇인지 알았기 때문에 그것이 더 퍼지기 전에 속도전으로 승리를 이끈 것이다.

회사의 리더도 마찬가지다. 많은 회사가 신제품을 개발하고 좋은 실적을 내려고 애쓰는 이유는 경쟁사에 뒤처지고 소비자들에게 외면당하는 것이 두렵기 때문이다. GE의 최고 경영자였던 잭 웰치도 "우리 같은 경영자들은 집에 가면 밤새 동일한 두려움에 시달린다. 내가 우리 회사를 말아먹고 있는 것은 아닐까?"라고 말했다.

두려움은 당연한 것이다. 우리는 회사에서 해고의 두려움을 알기 때문에 열심히 일한다. 반면 어떤 사람은 두려움 없이 자신감만 갖고 회사를 다니다 곧 밀려나는 경우도 있다. 아무리 실력이 뛰어난 사람이라도 두려워하는 마음을 갖고 있어야 한다. 《톰과 제리》로 유명한 만화가 척 존스는 "두려움은 창조적인 작업에 필수적이다"라고 강조했다. 두려움을 잘 활용하면 오히려 더 많은 결과물을 산출할 수 있다는 말이다.

조조도 원소에 대한 열등감이 있었다. 원소는 뛰어난 가문 출신이었고, 그를 따르는 호족 세력들도 많았다. 그에게는 훌륭한 참모와 용감한 장수들이 줄을 이었다. 조조는 자신의 두려움을 정확히 인지했다. 그래서 더 철두철미하게 전쟁을 준비했다.

리더로서 두려움을 인정하는 것과 겁을 먹는 것은 엄연히 다르다. 겁을 먹는 것은 포기하는 것이고, 두려움을 인정하는 것은 이를 극복하려는 것이다. 나의 두려움이 지금 무엇인지 살펴보자. 어떻게 하면 이를 극복해 조직을 이끌고 나갈 수 있을지 고민하고, 구성원들과 대책을 마련해 행동을 취하자. 그것이 진정 용기 있는 행위다.

머릿속에
청사진을 그려 준다

"저 앞에 매화나무 숲이 있는데, 매실이 많이 열려 있으므로 갈증
을 해소할 수 있을 것이다."
 - 198년(43세), 조조의 군대가 유표와 장수를 공략할 때

조조의 군사들은 오랜 행군으로 너무나 목이 탔지만 주변에서 물
을 구할 곳이 없었다. 군사들의 사기가 바닥에 떨어지자 그는 근처에
매실이 있다는 거짓말을 했다. 조조의 말을 듣자 군사들의 입안에는
침이 가득 고였다. 그의 이러한 임기응변은 전쟁터에서 여러 번 빛을
발휘했다.

조조가 여포가 차지하고 있던 하비성을 공략할 때 일이었다. 여포

는 농성전을 벌이며 시간을 끌고 있었다. 그들은 조조군의 식량이 바닥나기를 기다렸다. 군대가 퇴각해야 하는 위기에 처하자 조조는 또 한 번 기지를 발휘했다. 그는 군량 담당자를 불렀다.

"내가 정말로 요새 어려운 일이 있다. 나의 청을 한 가지만 들어줄 수 있겠느냐?"

하급 관리는 대장의 부탁을 듣자 황송한 마음이 들었다.

"네, 주공. 무엇이든지 말씀만 해주십시오. 제가 목숨을 바쳐서 수행하겠습니다."
"그래, 너의 목이 필요하다."
"네?"
"대신 너의 가족은 내가 허도로 데려와 편안하게 살도록 해 주마."

조조는 군량 담당자가 자기 멋대로 작은 되를 사용해 군량을 배급했다며, 그를 처형해 병사들의 마음을 안정시켰다. 병사들의 사기는 높아졌고 여포의 하비성을 마침내 탈환할 수 있었다.

이 일화는 다소 극화된 면도 있지만 절박한 상황에 처한 병사들에게 희망의 메시지를 주기 위한 임시방편임은 말할 것도 없다. 이러한 결단을 통해 힘든 전쟁을 승리로 이끌고 더 많은 병사의 목숨을 구할 수 있었다.

할 수 있다는 말은
정말 할 수 있는 힘을 준다

삶에는 역경이 있기 마련이다. 이를 지혜로 극복하는 사람도 있지만 그렇지 못한 사람도 있다. 만약 나 혼자라면 어떻게든 버티면 되겠지만 리더는 다르다. 리더의 행동은 다른 구성원들의 운명을 좌지우지할 수도 있기 때문이다.

수많은 병사를 책임지고 있는 리더는 희망의 메시지를 주는 능력도 필요하다. 행군 중에 병사들이 목이 타고 있는 상황에서 본인도 같이 힘들어하면 사기가 바닥났을 것이다. 조조는 매실이라는 희망의 메시지로 군대가 살아날 수 있게 했다. 여포와의 전쟁 때는 더 심각했다. 식량이 부족한 상황에서 이를 사실대로 말했다간 반란이 일어나거나, 적들이 그 상황을 눈치채기라도 한다면 패배할 수밖에 없는 상황이었다.

반면 덕장이라고 후세 사람들이 칭송하던 유비는 어떠했는가? 유비는 좀처럼 거짓말을 하지 않았다. 어쩌면 한 왕조의 후손이라는 무게 때문에 체면을 중요시했고, 자신의 진중한 이미지를 계속 유지해야 했는지도 모른다. 거짓이나 재치로 위기를 모면한 것은 그의 핵심 참모인 제갈량의 몫이었다.

중원과 하북을 정복한 조조의 대군이 형주의 유표를 공략하기 위해 대대적으로 남하했을 때다. 조조군을 상대할 수 없었던 유비는 피난길에 올랐다. 주변에서 백성들을 놔두고 먼저 피신해야 된다고 권했지만 그는 백성들을 버리지 않겠다고 버텼다. 결국 조조군의 공격을 받아 많은 백성이 목숨을 잃었다. 유비는 미부인과 장남인 아두를 잃을 뻔했다. 그는 조자룡과 장비 덕분에 목숨을 구했다. 그가 만약 먼저 퇴각했다면 무고한 백성들이 희생되지 않았을 것이다.

그가 익주의 유장을 공략할 때다. 그 유명한 와룡과 봉추 중 봉추라 불리는 핵심 참모인 방통이 좋은 꾀를 냈다. 유장을 거짓으로 유인해 생포하면 양측 병사들의 목숨을 아낄 수 있다는 것이었다. 하지만 유비는 듣지 않았다. 신의가 더 중요하다는 이유였다. 그의 애매한 태도로 인해 유비는 유장과 뒤늦게 전쟁을 벌이게 되었고 방통을 포함해 많은 부하가 목숨을 잃었다. 유비는 진실함을 바탕으로 많은 사람의 도움을 받았지만, 때로는 고지식하고 이중적인 면으로 부하들을 애먹이고는 했다.

그런 면에서 조조는 오히려 부하들의 재치를 능가할 정도였다. 그들보다 한 발자국 더 앞서 생각했다. 때로는 기지를 발휘해 거짓말을 하기도 했다. 후한 말기 살육과 약탈의 시대에서 조조는 자신과 부하들에게 희망의 메시지를 전하려 노력했다.

회사도 마찬가지다. 부하 직원들의 사기를 북돋는 행위는 필수적이다. 정말로 회사 사정이 안 좋다면 당연히 사실대로 이야기해야겠지만, 이왕이면 좋은 전망을 제시하는 게 낫다. 그것이 보다 긍정적인 영향을 주기 때문이다. 결국 뉘앙스의 문제다. 긍정적인 것을 이야기하고 부정적인 것을 이야기하면, 사람들은 부정적인 것을 더 기억한다. 하지만 반대는 그렇지 않다. 만약 회사의 업무가 과중하고 앞날이 불투명할 때 어떻게 말하면 좋을까?

"여러분 너무 힘드시죠? 회사도 힘들어요. 언제 좋아질지는 모르겠지만 열심히 하면 언젠가 좋은 일이 있겠죠."

메시지는 부정적인 단어인 '힘들다', '언젠가'의 연속이다. "회사가 어려우니 열심히 야근하더라도 불평하지 마세요"라는 말과 마찬가지다. 오히려 이렇게 하면 어떨까?

"여러분 너무 힘드시죠? 하지만 회사의 기술과 원가 경쟁력을 통해 위기를 기회로 바꾼다면 상황이 더 좋아질 것이라고 믿습니다. 이번의 위기를 보다 강해지기 위한 단련의 기회로 삼으면 됩니다."

너무 희망적이고 낙관적인 메시지라고 생각하는가? 하지만 리더는 희망의 메시지를 줄 의무가 있다. 당장의 현실이 그렇지 않더라도 이러한 메시지는 매실과 같은 효과를 발휘할 수 있다. 목이 타도 매실을 생각하면 침이 고이는 것처럼 말이다. 지금 내가 전달할 수 있는 메시지에는 무엇이 있을까?

깨끗하게
인정한다

"나는 패배한 원인을 정확히 알고 있소. 여러분도 알았으니 지금
부터 다시는 패배하지 않을 것이오."
- 197년(42세), 장수의 배반으로 아들 조앙과 조안민, 호위무사
전위를 잃었을 때

실수하지 않는 리더는 없다. 다만 이를 빨리 인정하고 만회하는 것
이 중요하다. 사회적 지위와 명성이 높아질수록 이는 더욱 쉽지 않
다. 하지만 실수와 실패를 인정한다는 것은 부끄러운 것이 아니다.
오히려 용기를 필요로 한다. 참회는 우리를 더 성숙하고 성장하게 만
든다. 유니클로의 창업자이자 회장 야나이 타다시는 맥도날드 초대

회장 레이 크룩의 책 《사업을 한다는 것》에서 이렇게 말했다.

"내 과거도 실패의 연속이었다. 연전연패라 해도 좋을 정도다. 그래도 치명적인 실패는 하지 않았다. '이 정도 실패라면 견딜 수 있다'고 느끼는 범위 내에서만 도전한 덕분에 어떻게든 헤쳐 나갈 수 있었다."

원소는 살면서 많은 실수를 저질렀다. 그의 대표적인 실수는 환관을 죽이기 위해 군벌들을 낙양성으로 불러들인 것이다. 만약 조조의 주장대로 문제가 되는 환관만 처벌했다면 애초에 삼국지는 존재하지 않았을 것이다.

원소는 이후 기주 자사 한복의 자리를 속임수로 뺏고 공손찬을 정복해 하북 지역의 맹주가 되었다. 만약 조조가 없었다면 그가 천하를 재패했을 확률이 높았다. 하지만 라이벌 조조의 성장세는 가팔랐다.

사실 원소가 관도 대전에서 패한 후 그의 세력이 완전히 끝장난 것은 아니었다. 그는 다시 군대를 정비했고, 하북에서 발생한 반란들을 모조리 평정했다. 월나라의 구천처럼 와신상담했다면 조조와 다시 한 번 붙어볼 만했다. 여전히 기주, 청주, 유주, 병주의 광활한 영토, 그리고 여러 호족과 백성들이 있었기 때문에 여력은 충분했다. 그런데 그는 관도 대전 후 자존심에 큰 상처를 입었다. 마음의 병이 든 것이다. 정사는 이를 짧게 묘사했다.

"근심 속에 죽었다."

원소는 죽을 때도 실수를 저질렀다. 후계자를 제대로 선정하지 않은 것이다. 자신과 닮은 셋째 원상을 애지중지했지만, 그를 후계자로 선언하지는 않았다.

그렇다 보니 첫째 원담을 지지하는 신평과 곽도, 셋째 원상을 지지하는 심배와 봉기로 세력이 나누었다. 현명한 책사였던 전풍과 저수는 이미 사라진 뒤였다. 형제들이 힘을 합쳐 조조에게 대항해도 막상막하일 텐데 신하들까지 갈라선 것이다.

물론 조조도 실수가 많았다. 장수를 공략했을 때, 장수는 모사 가후의 조언을 따라 조조에게 항복했다. 하지만 조조는 장수의 갑작스러운 반란에 대처하지 못했다. 그러나 그는 자신이 저지른 실수를 부하들 앞에서 솔직하게 인정하고, 다시는 실수를 저지르지 않겠다고 선언했다.

유비의 경우를 살펴보자. 그는 젊은 시절 세력이 미약했으나 큰 실수는 하지 않았다. 오히려 천재 전략가 제갈량을 영입함으로써 적벽대전에서 승기를 잡고, 형주 일부를 차지하며 기반을 마련했다. 이후 뛰어난 인재 고용과 확장 전략으로 유장이 차지하고 있던 익주까지 섭렵했고, 60세가 넘어 황제의 자리에도 올랐다.

하지만 유비는 말년에 돌이킬 수 없는 실수를 저질렀다. 손권에게 불의의 공격을 당해 죽은 관우의 복수를 위해 온 나라의 명운을 걸고 대군을 일으켰지만, 불세출의 명장인 육손에게 패배했다. 그 유명한 이릉 대전이다. 그는 결국 백제성에서 자신의 결정을 한탄하며 죽었다. 실수를 인정했지만 이미 너무 늦은 상태였다.

실수와 반성을
분리하지 마라

2006년 3월 24일 스페이스X가 개발한 첫 로켓 '팰컨 1호'가 발사되었다. 일론 머스크의 장대한 꿈이 이루어질 찰나였고, 수많은 언론은 아메리칸 드림의 실현에 열광했다. 그런데 로켓은 발사 25초 만에 바다로 추락했다. 그는 언론의 뭇매를 맞았다. 1년 후 2차 발사를 시도했으나 또 실패했다. 더 많은 사람이 그를 조롱하고 비난했다. 하지만 그는 직원들을 독려했다. 이는 우주 탐사를 꼭 성공시킬 것이라는 강한 믿음이 있었기 때문이다. 그는 직원들에게 말했다.

"실패 역시 성공으로 가는 과정일 뿐입니다. 실패해야 무엇이 잘못인지 파악하고 다음 단계로 발전할 수 있습니다."

그러나 2008년 8월 3차 발사도 실패했다. 더군다나 2008년 9월 서브프라임 모기지 여파로 회사는 부도 위기에 처했다. 하지만 그는 좌절하지 않고 마침내 4호기의 발사를 성공시켰다. 그는 국제 우주 정거장에 우주선을 보낸 첫 번째 민간 기업의 대표로 기록되었다. 만약 대중과 언론의 반응에 신경을 쓰고 포기했다면 결코 이룰 수 없는 목표였다.

성공한 리더는 상당수 실패를 경험했다. 그런데 우리는 그들의 실패를 모른다. 성공하면 언론의 스포트라이트를 받지만, 실패하면 역사의 뒤안길로 사라진다. 그 누구도 모토로라, 노키아, 코닥의 CEO들을 기억하지 못한다. 하지만 이들도 회사의 실적이 좋을 때는 승승장구했고 뛰어난 리더로 칭송받았다.

그렇다면 성공한 리더와 실패한 리더의 차이점은 무엇일까? 시장을 바라는 보는 능력과 미래를 보는 선구안은 당연하겠지만, 무엇보다 조조와 같이 실패에도 포기하지 않는 정신력이 필요하다. 스트리밍 서비스를 제공하는 스웨덴의 스포티파이는 스티브 잡스의 방해공작으로 초기 투자 유치에 어려움을 겪었다. 하지만 이들은 뛰어난 기술력과 지속적인 소통을 통해 어려움을 딛고 일어섰다. 스포티파이는 현재 세계 1위 음원 플랫폼으로 등극했다.

실수나 실패를 경험하지 않은 사람은 없다. 하지만 훌륭한 리더들의 공통점은 자신의 과오를 인정하고, 이를 교훈 삼아 다음을 기약했다는 점이다. 최악의 리더는 실수를 인정하지 않고 이를 부하의 탓으로 돌리는 사람이다. 분명히 자신의 결정으로 내린 문제임에도 막상 곤란한 상황에 처하면 외면하곤 한다. 이런 조직에서는 상과 벌이 불투명해지면서 기강이 무너진다. 구성원들은 리더의 눈치만 보고 비위를 맞추고, 어느 순간 조직은 썩어 무너지게 된다. 자신의 실수를 빠르게 인정할수록 이를 더 빨리 만회할 수 있다. 덮어 두면 그 실수는 영원히 남는다.

영향력 있는 리더가 되려면 끊임없이 복기하며 성장해야 한다. 잘못을 되짚어 보고 겸허한 자세를 유지해야 한다. 지위가 리더십을 보장한다고 착각하는 것이 가장 위험하다. 리더는 언제든지 자리에서 내려올 수 있다. 사람들에게 영향을 주지 못하거나 지지를 받지 못하면 더욱 그럴 것이다.

리더는 실패를 두려워하지 말고 경험을 쌓는 자세가 필요하다. 실패나 실수는 자연스러운 일이다. 다양한 경험을 해야 불혹의 경지에 이른다. 늦은 때란 없다. 성공한 리더들은 그저 자신의 삶을 돌아보면서 더 나아가기 위해 노력했을 뿐이다. 그것이 바로 성찰하는 삶이다. 이는 후회와는 엄연히 다르다. 복기를 통해 한 단계 더 성장하는 것이다.

어떤 사람에게
자리를 넘겨줄 것인가?

"여러분은 모두 나와 동년배이지만, 오직 봉효만이 젊소. 천하를 평정하는 일이 끝나 그에게 뒷일을 부탁하려고 했는데 요절했으니, 이는 운명이오!"

– 207년(52세), 곽가가 병으로 죽고 난 후

　스티브 잡스가 팀 쿡을 후계자로 삼았을 때 여기저기 우려의 목소리가 높았다. 사람들은 오히려 애플의 디자인을 담당하던 조나단 아이브나 아이폰과 아이패드의 소프트웨어 개발 담당자인 스콧 포스톨이 잡스의 철학을 이어 갈 수 있는 사람이라고 생각했다. 특히 포스톨은 소프트웨어를 담당하는 막중한 책임을 지고 있었다. 하지만 그는 야심이 있고 독선적이었으며 권력을 남용했다. 그럼에도 잡스는 그의 능력을 인정하고 총애했다. 문제는 잡스 사후 그를 컨트롤할 사람이 없었다는 점이었다.

2012년, 야심차게 준비한 애플 맵 출시 후 문제가 발생했다. 〈뉴욕타임스〉는 이를 "애플이 이제까지 내놓은 소프트웨어 가운데 가장 당혹스럽고 사용하기 어려움 제품"이라 신랄하게 비판했다. 애플의 중역이 애플 맵을 사용해 출근하다가 중요한 미팅에 30분 지각한 사건도 있었다. 하지만 포스톨은 이를 책임지지도 사과하지도 않았다. 마침내 팀 쿡은 그를 해임했다. 동료들은 쿡의 이런 면모를 대담하고 단호하다 평가했다. 이외에도 잡스의 후계자가 될 만한 임원들은 있었지만 쿡은 잡스의 DNA를 잘 계승하며 쿠데타 없이 정권을 안정적으로 유지했다.

조조는 어떻게 후계자를 선정하고 조직을 성장시켜 그의 사후 원소나 유표처럼 허망하게 사라지지 않았을까? 먼저 그의 인격을 살펴보자. 그는 원소나 유표처럼 집안이 훌륭하지 않았다. 소위 좋은 사람도 아니었다. 그럼에도 그를 따르는 사람들은 여전히 많았다. 더 악독한 사람들이 판을 치는 난세였기 때문이다. 그는 둔전제를 통해 백성과 병사들을 배불리 먹였고, 구현령으로 천하의 인재를 실력에 따라 뽑겠다고 천명했다. 다른 군웅들에 비해 검소한 삶을 살았고, 전쟁에서는 앞장서서 지휘했다.

213년, 조조는 지위를 확립하고 미래를 향한 길을 닦기 위해 세 딸을 헌제에게 시집보냈다. 위공이 되어 마차, 의복, 예절 등의 혜택을 주는 구석을 받기도 했다. 그는 향후 조 씨 세력이 헌제로부터 자연스레 선양 받을 수 있도록 조직의 미래에 대한 청사진을 설계했다.

위공이 된 후 조조는 궁전에서도 신발을 신고, 호위병을 사사로이 부를 수 있었다. 헌제는 조조가 그를 낙양에서 구원해 주었을 때 감사하게 생각했다. 허도로 온 이후 등도 따뜻하고, 밥도 배불리 먹을 수 있고, 신하들이 다시 모여 조정의 위엄도 갖추었다. 하지만 조조의 권세는 계속해서 강해졌고, 황제는 이를 탐탁지 않게 생각했다.

수많은 병사는 얻기 쉬워도
뛰어난 장수 한 명은 얻기 어렵다

조조는 많은 이의 표적이 되면서도 후세를 위해 열심히 길을 닦았다. 그는 한 나라에 대한 희망을 버렸다. 천자의 권위는 땅으로 떨어졌고, 새로운 왕조를 세워야 한다고 생각했기 때문이다. 아름다운 선위는 요순 시대에나 존재했다. 일단 자리에 오르면 그 자리를 놓치고 싶지 않은 것이 인간의 본능이다. 조조도 그랬다. 그는 아직 자식들에게 자신의 권력을 넘겨주고 싶지 않았다. 아직 해야 할 일도 많았고, 여기저기서 그를 노리는 세력도 많았다.

그는 후계자를 키우기 위해 서서히 준비했다. 때마침 마초와 한수가 관중에서 반란을 일으켰다. 조조는 2년 간의 회복을 마치고 직접 군대를 이끌고 출정했다. 업성의 수비는 조비에게 맡겼다. 이는 조비를 믿는다는 의미로도 이해할 수 있다. 그는 자신이 자리를 비운 사이 조비와 조식의 능력을 지켜봤다. 조비는 살얼음판을 걷는 기분으로 주어진 일에 최선을 다했다. 이때 조조의 참모 가후가 그에게 결정적인 충고를 해주었다.

"장군께서는 인덕과 관용을 발휘하고 숭상하며, 평범한 선비의 업을 행하고, 아침부터 저녁까지 바쁘게 지내며, 아들의 도리를 그르치지 않으시면 됩니다."

쓸데없는 욕심을 버리고 기본에 충실하라는 의미였다. 조비는 마침내 후계자가 되었고, 아버지 조조 덕분에 강력한 병사와 장수, 그리고 뛰어난 신하들을 물려받았다. 그는 즉위 후 헌제로부터 선양받아 위나라를 세웠다. 조비는 조조로부터 물려받은 자산을 잘 유지하고 꾸려 나가면 됐다. 하지만 아버지의 노력에도 아쉽게 삼국 통일에 실패하며 불안의 씨앗을 키워 놓고 만다. 더군다나 초대 황제였던 조비는 39세에, 2대 황제 아들 조예(曹叡)는 35세에 요절하고, 아들 조방(曹芳)은 고작 7세에 3대 황제가 되었다. 조방을 보좌하는 고명대신으로 조상(曹爽)과 사마의가 있었다. 이들은 사이가 좋지 않았고, 그로부터 10여 년이 지난 후 사마의는 70세의 나이에 고평릉의 난을 일으켜 조 씨 정권을 유명무실하게 만들었다.

조선의 세 번째 임금 태종의 예를 들어 보자. 그는 제1차, 제2차 왕자의 난으로 형제로부터 왕위를 찬탈했다는 비난을 받았지만 동시에 많은 업적을 남기기도 했다. 건국 초반 불안한 왕국을 안정화했고, 제도를 정비했다. 백성의 억울함을 들어 주는 신문고를 설치했고, 각종 서적을 편찬했다.

태종은 상왕으로 물러난 후 셋째 아들 충녕대군을 왕위에 앉혔는데, 그가 바로 세종이다. 세종대왕은 아버지의 코치를 받으며 왕이 되기 위한 자질을 갖추었다. 태종은 외척을 견제하기 위해 처남을 죽이고, 심지어 세종의 장인 심온도 제거했다. 이 또한 나중에 세종이 외척의 영향을 받지 않도록 만들기 위함이었다. 잔인한 처사였지만 그만큼 왕의 권한이 중요했기 때문에 종종 벌어졌던 일이었다.

반면 세종은 아버지 태종과 달리 장남 문종의 형제들, 수양대군, 안평대군, 금성대군 등의 대외 활동을 장려했고, 그것이 나중에 손자 단종의 발목을 잡았다. 더군다나 문종은 재위 2년만인 38세에 요절했다. 어린 아들 단종을 도와줄 할머니와 어머니가 없는 가운데, 마침내 세종의 둘째 아들 수양대군이 조카를 밀어내고 왕의 자리에 올랐다.

리더는 후계자를 위해 그와 협력할 사람들을 키워야 하지만, 동시에 방해가 될 사람은 견제해야 한다. 너무 과해도 안 되고, 신경을 안 써도 안 된다. 정치적인 면도 고려해야 한다. 그것이 후계자에게 힘을 실어 주기 위한 방법이다. 메기는 조직에 긴장감을 줄 수 있지만, 너무 과하면 분위기를 흐리게 된다.

결국 리더는 자신의 자리를 물려주기 전 조직을 정비해야 한다. 문제를 만들어 놓고 다음 사람에게 해결을 바라면 안 된다. 최대한 해결하고, 후계자에게 인계한 후에 떠나야 한다. 단기적인 성과뿐만 아니라 중장기적인 비전을 이어 갈 수 있도록 해야 한다. 그래야 조직이 오랫동안 지속될 수 있다.

결정적인 한 수를 위해
단련하라

> "그대는 전에 유비와 함께 형주에 있었던 것으로 알고 있소. 유비
> 의 지모는 어떠하오?"
> – 208년(53세), 조조가 형주 정복 후 유비와 함께 있었던 배잠에
> 게 질문할 때

　스티브 잡스의 놀이터는 학교 도서관이나 공부방이 아닌 차고였
다. 양아버지 폴 잡스는 유능한 기계공이었고, 자동차를 수리하고 고
치는 것을 좋아했다. 그는 실제로 중고차를 수리해 비싸게 팔기도 했
다. 차고에는 항상 자동차 부품이 널려 있었고, 그가 수리한 차들이
가득했다. 폴 잡스는 아들인 스티브 잡스도 기계를 잘 만지는 사람이

되기를 원했다. 그는 차고 안에 있는 작업대에 금을 그어 한쪽을 나눠 주며 이렇게 말했다.

"스티브, 이제 여기가 너의 작업대다."

잡스는 손에 기름을 묻히는 것을 그다지 좋아하지는 않았지만, 자동차를 통해 전자 공학의 기초를 아버지에게 배우며 이 분야에 큰 흥미를 품게 되었다. 아버지와 함께 주말마다 중고 부품상을 찾아다니며 아버지가 부품 가격을 흥정하는 모습을 흥미롭게 지켜보았다. 어릴 적 이러한 경험이 나중에 그를 협상의 달인으로 만들었다고 해도 과언이 아니다.

그는 학창 시절 명석했지만 공부만 하는 모범생은 아니었다. 고등학생때는 마리화나를 피웠고, 강력한 환각제의 일종인 LSD에도 손을 댔다. 하지만 마냥 질풍노도의 시기를 보내지는 않았다. 그는 고등학교를 다니는 동안 전자 공학과 문학, 창작에 흠뻑 빠져들었다. 음악을 많이 듣고, 관련 서적들도 탐독했다. 집중과 몰입을 보인 시기였고, 살아 있는 공부를 하던 시기였다.

조조도 어린 시절 방황의 시기를 보냈다. 산과 들로 친구들과 놀러 다니고, 전쟁 놀이를 하면서 지냈다. 사람들은 그를 철부지 부잣집 도련님 정도로만 생각하고, 비범하다고 여기지는 않았다. 정사《삼국지》의 저자 진수도 그를 이렇게 묘사할 정도다.

"조조는 어려서부터 눈치가 빠르고 민첩했으며 권모술수가 있었으나, 사내다움을 뽐내며 멋대로 놀기를 좋아해 덕행과 학업을 닦는 일을 등한시 했으므로 세상 사람들은 그를 기이할 만하다고 생각하지 않았다."

하지만 들판을 뛰어다니고 병정놀이를 하면서 그는 점차 병법에 관심을 갖게 되었다. 어려운 《손자병법》을 읽으면서 혼자 주석을 달기 시작하는 수준에 이르렀다. 전쟁 경험이 없는 젊은이가 병법서에 주석을 다는 것은 흔한 일이 아니었다. 나중에 그가 쓴 주석을 사람들이 돌려 볼 정도였다. 오늘날 우리에게 익숙한 《손자병법》은 그가 새로 편집한 《위무주손자》에 기반한다. 그 전의 《손자병법》은 이미 82편까지 늘어날 정도로 방대했지만 내용이 그다지 체계적이지는 않았다.

조조의 공부 역시 살아 있는 공부였다. 그는 배운 공부를 실전에 적용했다. 《손자병법》에 주석을 다는 데 그치지 않고, 이를 전쟁터에서 직접 활용하며 실제와 이론을 복기했다. 전쟁 중에도 주석을 고치고는 했다. 한마디로 뼈와 살이 되는 공부였다.

풍류를 좋아하던 그는 문인들과 어울리고 종종 시를 지었다. 단순히 취미 생활을 넘어 건안 문학이라는 새로운 사조를 주도하며 일대를 풍미한 문학가로도 이름을 날렸다. 특히 그가 쓴 시에는 백성과 병사들의 아픔도 함께 녹아 있다. 그동안 흔히 있었던 순수 문학들과 비교해 보다 현실 참여적이었다.

젊은 시절 좋아하는 분야에 몰두한 덕분에 조조는 박식한 인물로 자리매김했다. 당대의 문인들과 함께 시를 짓고 낭독해도 전혀 실력이 밀리지 않았고, 장수들과 병법을 논해도 다들 고개를 숙일 수밖에 없었다. 문무 모두 발군의 실력을 발휘했다. 그는 단순히 자신의 지식을 자랑하는데 학문을 이용하는 것을 경계했다. 어설프게 그 앞에서 학문을 자랑했다가는 곤장을 맞거나 목이 날아갈 수 있을 정도였다.

조조는 형주를 점령한 후 형주에서 유비와 함께 근무했던 배잠에게 유비에 대해 질문했다. 그는 다른 것보다 유비의 지모에 대해서 질문했다. 비록 그는 한때 유비를 받아들여 같이 생활한 적이 있었지만, 이미 10년이라는 세월이 지나 그 이후로 유비가 어느 정도 성장했는지 궁금했기 때문이다. 이때 배잠은 다음과 같이 답했다.

"그는 중원을 소란스럽게 할 수는 있지만, 다스릴 수는 없을 것입니다. 만약 틈을 보아 요충지를 지킨다면 군주가 될 여지는 충분히 있습니다."

즉 유비의 지모가 뛰어나지만 중원의 조조의 세력을 공격하고 위협할 만큼은 안 된다는 것을 의미했다. 유비는 그만큼 지략이 뛰어나지 않다는 점을 다시 한번 방증하는 내용이었다.

나는 어떤 리더가
되고 싶은가?

그렇다면 현재의 리더들은 어떠한가? 뛰어난 리더들은 공통적으로 공부를 사랑했으며 엄청나게 몰입한 시기가 있었다. 일론 머스크는 독서광이고, 제프 베이조스도 어릴 적 동네에 있던 도서관의 책을 모조리 다 읽을 정도였다. 일론 머스크는 10대 시절 다양한 분야의 책을 하루 2권씩 읽었다고 한다. 과학, 철학, 종교, 프로그래밍, 비즈니스, 에너지 등 분야도 아주 폭넓었다. 그가 어린 시절부터 쌓아 온 지식 창고는 나중에 사업을 일구는 데 큰 자산이 됐다.

이들은 스스로 호기심을 느끼며 공부했고 주체적으로 사유했다. 단순히 책을 많이 읽는다고 성장하는 것은 아니다. 지식의 양만 따진다면 우리는 빅데이터를 능가할 수 없다. 더 중요한 것은 내가 배운 것을 실제로 적용하는 것이다. 배우고, 생각하고, 그리고 이를 실행으로 옮기는 것이 진정한 공부다. 공자의 말씀을 기록한 《논어》의 〈학이〉 편에서 가장 먼저 나오는 문장이 바로 이것이다.

"배우고 때때로 그것을 익히면 이 또한 기쁘지 않은가?"

리더는 공부하는 자세를 갖춰야 한다. 듣고, 읽고, 공부하는 자세를 통해 자신만의 통찰력을 키워야 한다. 사고의 확장을 위해 독서가 큰 도움이 될 것은 두말할 나위가 없다. 꼭 한 분야에만 집중할 필요는 없다. 책의 분야는 업무와 관련된 것뿐만 아니라 인문, 소설, 자기 계발 등 다양할 것이다.

물론 조직을 운영하다 보면 내가 굳이 많이 알고 있지 않더라도, 자신의 경험과 구성원들의 지식을 적절히 활용하면 큰 문제는 없다. 하지만 보다 큰 리더로 성장하기 위해 공부는 꼭 필요하다. 공부하지 않는 리더는 언젠가 한계에 부딪힐 수밖에 없다.

　이제 책을 마무리 할 때다. 마지막으로 자신에게 질문을 던져 보자. 당신은 어떤 리더로 남고 싶은가? 그 답을 찾아가는 것이 리더로서의 여정일 것이다.